消費は0.2秒で起こる！

人を動かす「脳の法則」

西田文郎
Fumio Nishida

現代書林

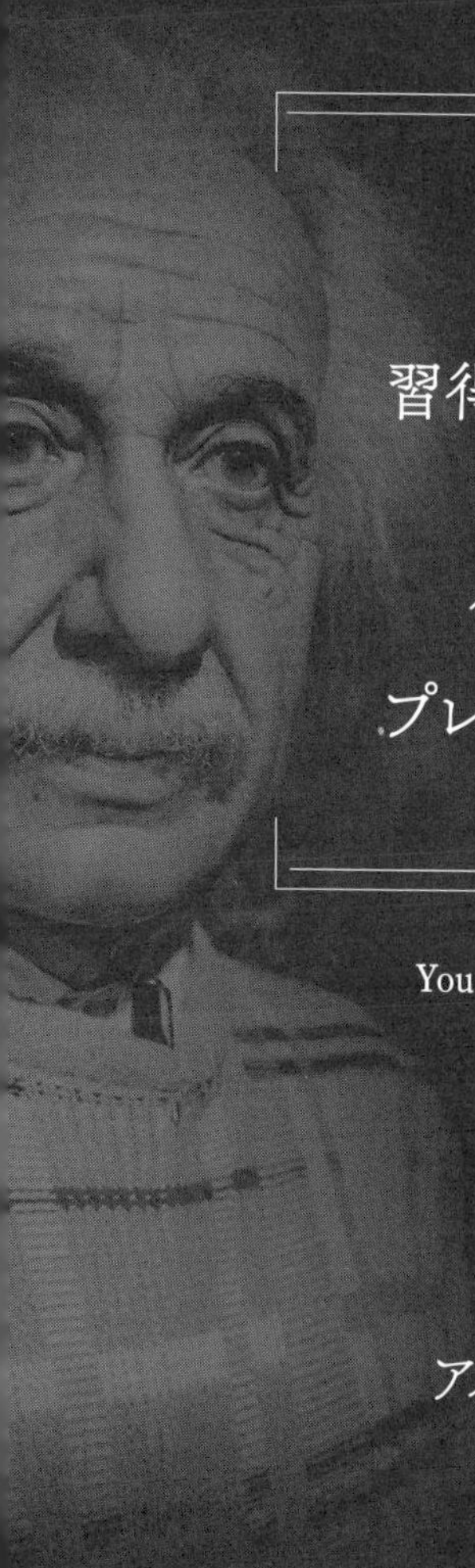

ゲームのルールを
習得しなければならない。
ルールを学んだら、
他の誰よりも上手に
プレイしなくてはならない。

You have to learn the rules of the game.
And then you have to play
better than anyone else.

アルベルト・アインシュタイン
Albert Einstein

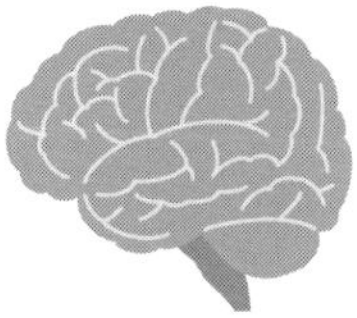

introduction

消費は脳が起こしている

多くの人が「してはいけない努力」をしている

「こんなにがんばっているのに、なんで儲からないんだ……」――。
このようにおっしゃる人たちがいらっしゃいます。

- **一生懸命に働いて儲かっている**
- **一生懸命に働いているのに儲からない**

さて、皆さんはどちらのパターンでしょうか?

一生懸命仕事に取り組んでいるのに、結果が出ないのはなぜでしょうか。

「一生懸命に働いているのに儲からない」人たちは、してはいけない努力ばかりに真剣に取り組んでいます。

ビジネス書を山のように積み上げて読んだり、セミナーに頻繁に参加したり、最新の情報収集に励んだり――、必死に努力している人はたくさんいます。

はっきり言いましょう。このようなまじめ過ぎる努力をしているようでは、いつまでたっても儲かる人にはなれません。

その理由をお教えします。

「まじめに努力すれば報われる」「努力とは苦しいものだ」。こう信じて疑わず悪戦苦闘すればするほど、その努力は報われない。「脳の法則」から申し上げると、なぜかこのようになっているのです。

さらに言うと、遊んでばかりいるように見えるのに、儲かっている人もいます。

「遊んでばかりいるように見えて儲かっている人」は苦しい努力もせず、売ろうともしていないように見えます。それにもかかわらず、儲かって儲かって仕方ない――これが新しい時代の真実です。

人工知能とロボティクスの時代となり、これまでの常識がまったく通用しなくなってきています。数年以内に社会構造が一気に変わり、既存のマーケティング手法もビジネスモデルもすべてが崩壊していくことでしょう。

人工知能の時代になったのだから「ロボットを使えばいい」「自動化すればいい」「ビジネスモデルも転換すればいい」。このように思っている人が多いのではないでしょうか。しかし、果たしてその考えは正しいでしょうか。

一見、時代の先端をいっているようにも思えますが、これからの時代を生き延びていくには不十分です。

技術革新が驚異的なスピードで進化するこれからは、今までの常識は通用しなくなります。過去の経験や体験を壊していくような個性が求められます。差別化から独自化の時代になります。

これまでは経験知が最大の武器となり得ました。ですから、時間をかけて経験を積んだ40代、50代、60代の優秀な経営者の皆さんが多かったのです。

しかし、時代が変わりました。時間をかけなくても、インターネットを活用すれば、膨大な知識を得られます。これまでのように、ゆっくり優秀になっていくという時代ではなくなったのです。

若手が大活躍する時代になるでしょう。大学生や高校生で起業して会社を経営する人も増えていくはずです。

今までの考え方に縛られない脳の使い方をする時代がやってきているのです。これからは、平均的なビジネスは通用しなくなります。

人工知能の時代に大切なのは、ＡＩやＩｏＴを取り入れることだけではありません。

人間だからできる脳の使い方をする。

このことが大切なのです。

膨大な情報から瞬時に正解を導く「合理性が求められる仕事」では、人間はＡＩにはかないません。

しかし、ＡＩは与えられた情報やデータの外にある答えは出せません。予測できない驚きや、涙があふれるような喜び、震えるほどの感動など「人間の感性」を創造することはできないのです。

人間は、落ち葉の匂いに秋の始まりを感じて感傷的になったり、合理的に判断したら相性が合わないような人を愛してしまったりします。

この一見、ムダだと思えることに心を動かしてしまうのが、人間の面白いところなのです。叫び出したくなるような感動、身もだえするほど苦しく切なく甘い恋愛などに代表される心の働きから、文学や芸術は生まれてきました。

このような「非合理の喜び」を、ＡＩはまだつくれないでしょう。

ぜひ、皆さんに考えていただきたいのは、人工知能にできることと、人工知能にできないことです。

人工知能にできる仕事は人間がやるよりも効率的になります。その費用も下がる一方です。逆に、人工知能にできないことは価値が上がっていく、ということなのです。

このような変化の時代だからこそ、学んでいただきたいことがあります。それは、脳を知るということです。これからのビジネスは、こうなります。

脳を理解していないと成功できない。

ビジネスにも二極化の波がやってきています。しかも、**これから起こるのは〝究極の〟二極化**です。貧富の差が拡大しているのと同じように、「儲かって儲かって豊かになる人」と「まったく儲からず貧しい人」の格差が拡大しているのです。

これまで私は、経営者の勉強会などで成功者の法則である「99対1の理論」についてお話ししてきました。これは、成功者の比率は100人にひとりくらいだという法則です。

ですが、この理論を最近では次のようにお話ししなくてはならなくなりました。「これからは9999対1の理論になる」。成功する人の比率は100人にひとりではなく、1万人にひとりの時代がやってきているのです。つまり、敗者が圧倒的に増え、成功者は今までよりもっと限られるということです。それが、人工知能とロボティクス時代なのです。

脳への「仕掛け」でビジネスのポジションを変えよ

本書を手に取ってくださった皆さんは、もっと儲けたい、ビジネスを成功させたいと思っていることでしょう。

それでは、皆さんに質問します。

「売上とは何だと思いますか」

非常に残念なことに、この質問に即答できない経営者がいらっしゃいます。

儲けるとは収益性の高い安定したビジネスをつくることです。その大きな柱が売上です。

売上とは、簡単に言うと次の式から成り立ちます。

売上＝単価×数量

この数式は、皆さんもよくご存じだと思います。売上を上げるのはとても簡単です。

単価か数量を上げればいいだけなのです。もしくは、単価と数量の両方を上げることです。

ご存じのように、ビジネスには2種類の競争戦略があります。「レッドオーシャン戦略」と「ブルーオーシャン戦略」です。

市場が飽和状態になった「レッドオーシャン」では、激しい価格競争が繰り広げられています。そこでは安売り合戦に引き込まれて単価が下がっていきます。ですから、売上を上げるには数量を伸ばさなければならず、売り手は消耗していきます。

この市場で勝てるのは、資本力のある大企業だけ。資本力のない中小企業や個人事業主が勝負しても、とても勝てる道理がありません。

ですから、血まみれで赤く染まった「レッドオーシャン」から、敵のいない美しく静かな「ブルーオーシャン」に移ってそこで勝負するのです。

儲かるモノやサービスを見つけ、儲かる仕組みをつくって、差別化から独自化にする。これが、「ブルーオーシャン戦略」です。

売上を伸ばすためには、あなたがいる市場を「レッドオーシャン」から「ブルーオーシャン」に変えるのです。

とは言っても、新規ビジネスを立ち上げるのは至難の業でしょう。

そこで、今のビジネスに「仕掛け」を施すのです。「仕掛け」を施すことで、今いるポジションを変えることができます。

本書では新しい時代に消費を動かすために必要な「脳の法則」をお伝えしていきます。


「売れなくてつらい」

「思うように業績が伸びない」

「いろいろ試しても成果が出ない」

「差別化がうまくいかない」

「価格競争に陥り利益が出ない」

「これから先、どうしていいのかわからない」


このように悩んでいる人ほど本書は役に立つはずです。

儲けるためには「脳の法則」を知ること。
学んだら誰よりも上手に使うこと。

ただし——、

本書で紹介する方法は大変な効果があります。
人をだますなど、悪用しないことを約束してください。
約束していただけた方だけ、ここから先をお読みください。

それでは、消費を動かす「脳の法則」をお伝えしていきましょう。

目次

PART 2

お客さまが必ず買いたくなる！「オヤ？ ふむふむ なるほど！ の法則」

お客さまを誘導する「脳の法則」

PART 3

お客さまが面白いように集まる！「おかずの法則」

爆発的に売れる「脳の法則」

PART 4

お客さまを離さない!「ジョウゴの法則」

お客さまを虜にする「脳の法則」

PART

5

儲かるようにすべてを変える！

これからの時代の勝利者になる「脳の法則」

PART

1

ワクワクすると買いたくなる！

消費行動を駆り立てる「脳の法則」

"Brain's law" to move customers

脳の機嫌がよくなると消費が起こる

私は、40年以上にわたり、人間の脳の働きについて探求を続けてきました。大脳生理学と心理学を利用して脳の機能にアプローチする「スーパーブレイントレーニング（SBT）」を構築し、経営者やアスリート、ビジネスマンや受験生など、多くの皆さんの夢の実現や成功のサポートをさせていただいてまいりました。

この「SBT」は、誰が行っても面白いように意欲的になり、組織や個人に驚くほど大きな変革が起こります。生産性も飛躍的に向上してしまいます。

指導を行う際に、必ずお伝えしていることがあります。

うまくいく人の脳は、必ず「快」になっている。

脳が「快」の状態とは、簡単に言うとワクワクして仕方ない状態です。ビジネスにせよスポーツにせよ、成功する人の脳はいつでもワクワクした「快」の状態になっています。

「これをやったら、必ずうまくいくぞ!」と、事業の成功だけを考えて、いつもワクワクしているのが優秀な経営者です。

「この企画をやったら、必ず盛り上がるぞ!」と、ビジネスがうまくいくことを考えて、いつもワクワクしているのが有能なビジネスパーソンです。

「これをやったら、絶対売れる!」と、売れることばかりをワクワクしながら考えているのが繁盛店です。

いつもモテることばかり考えてワクワクしている男性は、ルックスに関係なく女性にモテています。

トップアスリートであれば、常にトップをイメージしています。

セール会場で洋服を山のように買い込んでいる女性を見かけることがあります。はたから見ると「あんなにたくさん洋服を買うのか！」とびっくりしてしまいます。しかし、彼女の脳は最高に「快」になっています。私には、彼女の脳が最高にワクワクしていい状態になっていることがわかります。

そのとき、彼女の脳はウォルト・ディズニーやトーマス・エジソンたち天才の脳と同じ状態になっているのです。

「安い！」「かわいい！」「ステキ！」「お得！」「これを着て食事に行こう！」などと、頭の中はまるでディズニーランドにいるように楽しくて仕方ない状態でウキウキワクワクしているのです。「これを着た私」をイメージして楽しくて仕方ないのです。

これを私は**「できちゃった状態」**と申し上げています。プラスイメージとプラス感情でプラス思考になり、脳が「快」の状態になっているのです。

一方、儲からない社長や売れないセールスマンは、売れないことばかりをイメージしています。

「今月も売上目標を達成できそうにない……」
「お客さんが来てくれない……」
「ホームページへのアクセスが少ない……」
「スタッフの笑顔が足りない……」
「社員の能力が低い……」
「商品がよくない……」

売れないことを心配し、売れない現実に悩んで、売れないことをグチり、スタッフを責めています。

ここがダメだ、あそこがダメだと、ダメなところばかり探し出して、マイナスイメージ、マイナス感情でマイナス思考になり、脳が「不快」を強化しています。

まじめに反省ばかりして、脳がいつも不機嫌な人は、ますます売れなくなっていくのです。

"Brain's law" to move customers

人気の店は、お客さまの脳に「仕掛け」ている

うなぎ屋の前を通って、思わず入ってしまったという経験はありませんか?

うなぎのいい匂いをかぐと、「おいしそうだ!」とワクワクしてきます。そして、吸い込まれるように店ののれんをくぐってしまうのです。

これは、おいしそうな匂いで客を誘う〝うなぎ屋の仕掛け〟です。

「脳の法則」から申し上げると、こうなります。

うなぎの焼けるいい匂いをかぐ。
←
嗅覚《きゅうかく》で得た情報が脳に伝わる。

↓
脳は、「うなぎはおいしい」という記憶や、「うなぎを食べるとワクワクする」情報などを一瞬でひっぱり出してきて、「おいしいぞ!」と判断する。
↓
イメージはもう脳裏に浮かんでいる。
↓
快楽ホルモンであるドーパミンが脳の奥から放出され、「よし、食べよう」と指令して決断する。
↓
うなぎ屋ののれんをくぐる。
匂いに行動が促されるわけです。

鼻の内側にはセンサーがたくさんあり、においの分子を検出すると言われています。人の脳はセンサーからの信号を総合して、最新のデータチップの50万倍とも言われるそのデータベースから、過去のデータを瞬時に集め、何のにおいかを割り出しています。意識的あるいは無意識的に判断を下しているのです。

人間の脳には、それまでの人生のすべてがためられています。私たち人間の感情、思い、思考、行動は、すべて脳にインプットされた過去の記憶データをベースに動いています。

「パブロフの犬」がメトロノームの音を聞いただけで、唾液《だえき》を分泌してしまったように、「うなぎが好き」という人は「うなぎの焼けるいい匂い」をかいだだけで、記憶データを瞬時に引き出して、唾液を分泌してしまうのです。

繁盛している店やビジネスを観察してみると、このような思わず買いたくなるような脳への仕掛けがたくさん見つかります。

繁盛店やヒット商品には
お客さまの脳がワクワクする複数の仕掛けが隠れている！

"Brain's law" to move customers

買うことを決めているのは扁桃核

買うつもりがなかったのに、なぜだか買ってしまうことがあります。この行動習慣を、私は**「仕方ない理論」**と名づけました。

人は、「仕方ない」と思うことがあると、それがトリガーとなり、ついうっかり買い物をしてしまうのです。

「かっこいいから、買うのも仕方ない」
「面白いから、買うのも仕方ない」
「好きなんだから、買うのも仕方ない」
「今しか見られないから、買うのも仕方ない」

「今しか売ってないから、買うのも仕方ない」

「今だけ安いのだから、買うのも仕方ない」


買い物してしまうのを「仕方ない」と自分に言い訳しているわけです。

「快」「不快」の感情を動かしているものがあります。それが、扁桃核《へんとうかく》という脳の中の小さな組織です。


じつを言うと、この**扁桃核こそあらゆる感情の産みの親**です。

扁桃核は、外からの刺激が自分にとって都合のいいものであるか、都合の悪いものであるかを判別する脳です。それも過去の記憶データに基づいて瞬時に判断するという、小さいながらきわめて優秀ないい仕事をしています。


その結果を「快」と「不快」の信号として脳全体に伝えるのです。

信号を受けると、私たちの脳の働きは一瞬にして変わります。

腐った魚の臭いを不快に感じ、吐き気をもよおす。生命活動に必要なエネルギー源をたっぷり含んだ砂糖や、肉の脂肪が美味に感じられ、高級菓子や霜降り肉にお金を使いたくなる。これらはみな、扁桃核の働きです。

扁桃核が、自分の生存にとって危険なもの（腐った魚）を「不快」とし、生存に有利なもの（砂糖や脂肪）を「快」と判断するのです。

私たちの好き嫌いは、「快」と「不快」が決めている。

うなぎの焼ける匂いをかいで、「おいしそう」「食べたい」と思うのは、多くの人は自分の意志で決めていると思っているかもしれません。しかし、あなたの扁桃核が決めています。

あなたは、あなたの脳の指令に従って「おいしそう」とか「食べたい」と感じ、「のれんをくぐる」という行動をしているだけなのです。

好き嫌いだけではありません。やる気や情熱、意欲、喜び、悲しみ、怒り、不安、心配、恐怖など、あらゆる感情が、扁桃核の判断から生まれます。

感情を一つひとつ点検していけば、面白いように、みんな「快」と「不快」に分類されるはずです。

・この店は嫌いだ——(不快)
・この店は好きだ——(快)
・あの店員が嫌いだ——(不快)
・あの店員が好きだ——(快)
・社長と話すのは苦手だ——(不快)
・社長と話すのは楽しい——(快)

コンピュータの演算は「0」「1」の二進法で行われますが、人間の脳は、「快」「不快」の二分法で動いていると言っても過言ではありません。

あらゆるものが、扁桃核のフィルターを通して認識されるのです。

もうおわかりかと思いますが、「快」から生まれた感情は、人の脳を肯定的にし、脳の持ち主の行動を積極的にします。

一方、自己防衛的な「不快」から生まれる感情は、脳を否定的にし、脳の持ち主の行動を消極的にします。つまり、こういうことです。

購買のカギは「扁桃核」が握っている。

「扁桃核」が「快」にならなければ、「欲しい」という肯定的な感情も起こらず、「買う」という行動にもつながりません。

すべての行動は、扁桃核が決めているのです。

消費者の脳に「仕方ない」と思わせるためには、その脳を「快」にしておくことが必要です。まず気持ちのいい状態にしておくのです。

商品もサービスも、いいものだから売れるというわけではなく、良さそうに見えるから、脳がワクワクしてしまい売れるのです。

儲かっている会社には、儲かる理由があり、行列ができるお店には、行列ができる理由があるのです。

扁桃核が「快・不快」を判断している

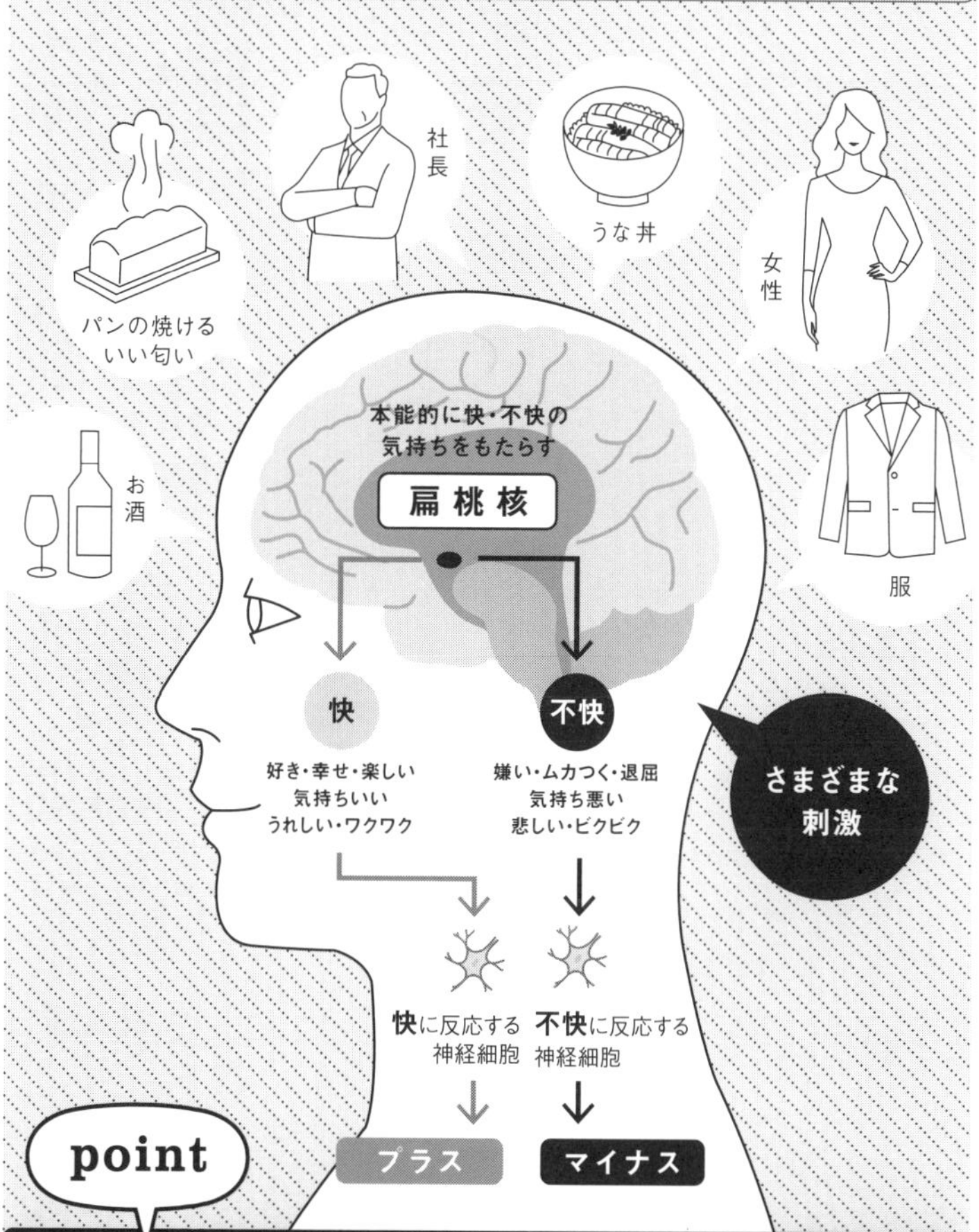

point

私たちの脳は視覚、聴覚、臭覚、味覚、触覚などを使って、驚くほど多くの情報を得ている。

快楽物質ドーパミンを放出させよ

脳を「快」にすると、どういうことが起きるのか。もう少し、脳についての話を続けましょう。

人は「楽しい」「うれしい」といった感情に喜びを感じて、何度も同じ感情を味わおうとします。

こうした脳内の仕組みを**報酬系**と言います。人間の脳の奥深いところで、神経細胞が報酬系を形成しています。

私たちが生き残るための行動をとると、脳は特殊なホルモンを分泌します。ある刺激に対して、高揚感や快感などの報酬が得られる回路があるのです。

私たちはこの報酬が得たくて、幸福感を得られる行動を何度も繰り返してしまうのです。

食欲を満たしたり性欲を満たすとき、「気持ちいい」「幸せだ」と感じるのはこのシステムによるものです。

人間はこの報酬系の働きがあるから、生き延びられます。子孫を残すことも自然にできるわけです。

「脳内麻薬」や「脳内モルヒネ」と言われるそのようなホルモンは、現在の研究では20種類以上もあることがわかっています。

やる気物質と言われるドーパミンもそのひとつです。

ドーパミンは「快楽神経」とも呼ばれるA10神経から分泌される脳内物質です。ドーパミンは奥のほうの脳から分泌されて、いくつかの経路を通って思考を司る脳まで伝わります。

この物質は脳をワクワクさせ、同時にさまざまな能力を高めます。感情がいきいきし、行動的になります。快楽や気持ちよさ、喜びや興奮を生み出します。

つまり、こういうことです。

脳にドーパミンが分泌されればワクワクして「快」になる。

ワクワクして「快」になった消費者の脳は、イメージも感情も思考もプラスになり、行動的になります。

「快」になった脳は買いたくなる。

これが、「脳の法則」です。つまり、消費を動かす「脳の法則」とは**「ドーパミン理論」**だと言っても過言ではありません。

「売る」のではなく、「売れる」のです。

消費者の脳が「快」になるから、「買いたくなる」のです。

いらないと思っていた人の脳もワクワクすると、欲しくなってしまうのです。買いたくて買いたくて仕方なくなってしまうのです。

消費者の購買行動を促すには、消費者の脳を「快」にすることが必要だと心得てください。

人間の脳は、快か不快で大きく行動や人生が変わるのです。脳にとって、このちょっとの違いは大違いです。

あなたがもし経営者なら、お客さまの脳をうれしくて、楽しくて仕方ないという状態にすることを徹底的に心掛けてください。

それをしてない経営者は、いつの時代も「不景気だ」とか「うちの業種では無理だ」とか「うちの社員はやる気がない」などと言っているのです。

多くの皆さんを楽しくさせて、うれしくてうれしくて仕方ない状態をつくりましょう。

"Brain's law" to
move customers

消費者の脳を上手に操る3つのポイント

一度は「買う」と決めたお客さまが、「いや、ちょっと待てよ」と買うのをやめてしまうことがあります。

「買う」と言ったそのすぐあとで、「やっぱりどうしようかなあ」と悩みだしてしまったり、「もう少し考えるわ」などとペンディングしてしまうケースです。

「脳の法則」から見ると、人間の行動はイメージ、感情、思考の3つの要素が決めています。

イメージ、感情、思考の3つは、いわば「人の心の3要素」です。互いに影響し合いながら、人の心という複雑極まりないものをつくり出しています。

私たちの購買行動も、この3つの要素に支配されています。

人の購買行動を決める3要素

①イメージ
②感情
③思考

言い換えれば、お客さまに消費を起こしてもらうためには、この3要素を上手に使って、脳への「仕掛け」を行うのです。

この3要素が、すべて肯定的であれば、あなたが売ろうとしなくても、お客さまのほうから「買う」と決めます。

しかも、購入するだけではなく、欲しくて欲しくて仕方ない状態で、ワクワクしながら買ってくれるのです。

反対にこの3要素すべてが否定的なら、まず購入の見込みなしです。

しかし、安心してください。ほとんどの場合、この3要素すべてが否定的なのではありません。どれかが否定的なのです。どれかが揃わないために、お客さまは迷ったり、購入をためらったりするわけです。

例えば、ある商品の購入を考えているお客さまがいたとします。

もし、「値段が高すぎる」とか「他社の製品のほうが使いやすい」という否定的な考えや、「好きになれない」「信頼できない」などというネガティブな感情があったら、「買う」という決断には至りません。「カッコ悪い」「ダサい」「面白くなさそう」といった、否定的なイメージがあっても同様です。

逆にその商品に対し、イメージ、感情、思考の3要素がすべて肯定的なら、イヤでも「買う」と決断し、購買行動に踏み出します。

「値段が高すぎる」などと思考は否定的でも、「最高にカッコいい」とイメージが「快」になっていたり、「死ぬほど好き」などというように感情が度外れて肯定的ならば、そちらに引っ張られて買ってくれる人もいます。逆にデザインがいまひとつ気に入らなくても、「安い」という理屈で買う人もいます。

思考がネックになって購買に至らないケースは、解決は簡単です。なぜなら、**思考の問題はたいてい理屈で説得できる**からです。

もしも、値段がネックになっているのなら、別の支払い方法を紹介したり、値引きしたり、値段の理屈で説得できます。お客さんが「高い」と感じるのであれば、安い商品を選択肢として提案することも効果的です。

しかし感情は、そうはいきません。理屈で説得できるものではないのです。

皆さんにも経験がおありでしょう。例えば、蛾《が》の採集が大好きだという男性がそのことにまったく興味のない女性に対して、いくら蛾の魅力を全身全霊で説明したところで、ある程度の理解は示してもらえるかもしれませんが、感情レベルから納得して大好きになってもらえるのはなかなか難しいことでしょう。

理屈で簡単に納得できる思考に比べて、感情は頑固なのです。容易なことでは変わりません。

つまり、皆さんにとって**最も手強い相手は消費者の感情**です。

そこには理由があります。私たちの脳の構造が大きく関係しているのです。

私たちが「思考」と呼んでいるものは、脳の表面にある「大脳新皮質」と呼ばれるところでつくられます。脳の絵などでよく見るシワシワな部分です。

よく知られているように、論理的思考を主として担当するのは、その左の部分（左脳）です。右側（右脳）はイメージ処理の仕事を行っています。

しかし感情の発生源は、そうした表層部分ではありません。もっと奥のほう、「大脳辺縁系」と名付けられたところで発生します。「快」「不快」を決める扁桃核も大脳辺縁系の一部です。

つまり脳の構造から考えると、思考とイメージは、感情の上に乗っている形です。この構造からもわかるように、思考もイメージも、その土台になっている感情に大きく左右されてしまうわけです。

ですから、お客さまの意思決定に関して一番重要なのは、大元となる感情へのアプローチなのです。

消費者を動かす「脳の法則」の基本方針は、次の一言に集約できます。

消費者の脳を「快」にせよ！

言い換えれば、**「脳を理解して消費者の脳を上手に操る方法を身につけよ」**ということです。

消費者の脳をどれだけ「快」にできるか、ビジネスの勝負はここにかかっています。

お客さまの扁桃核と心の関係

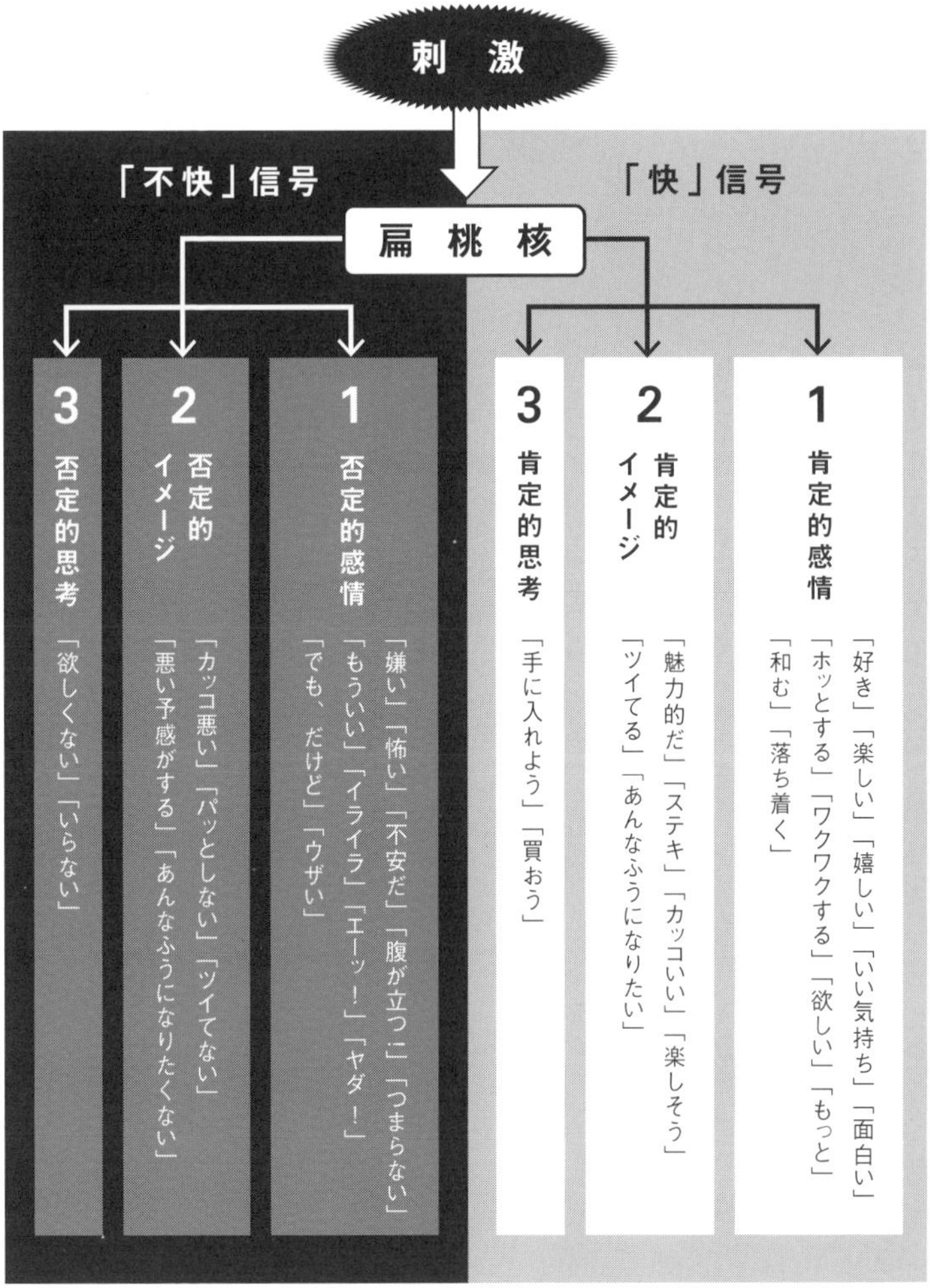

"Brain's law" to
move customers

「振り子の法則」で主導権をつかめ

人間の感情はいつも揺れ動いています。ですから、一度買おうと決断したお客さまが、「やっぱりやめよう」と決断を変えてしまうことが起こるのです。

楽しいことやうれしいことが起こると脳は「快」になり、苦しいことや嫌なことが起こると「不快」になります。このように、大脳辺縁系にある感情脳は常に一対で動いています。

実は、ここには**「振り子の法則」**という人間の心と脳の原理原則が関係しています。47ページの図を見てください。

人の感情は振り子のように、「快」と「不快」、「苦」と「楽」を行ったりきたりしています。

振り子ですから、振れる幅が大きければ大きいほど、反対側へ振れる力も大きくなります。「快・不快」の感じ方は、その振り幅に比例しています。

感情脳は常に、「快・不快」を行ったりきたりしているのです。

しかし、ほとんどの人は、何かイヤな気持ちが起こったとき、無意識のうちに振り子を「不快」「苦」側に振ったままにしがちです。

「不快」のほうにばかり振り子が偏っていってしまい、「快」のほうに戻ってこなくなると、人はウツ病になってしまいます。

逆に、「快」のほうに偏って、「不快」に戻ってこなくなると、何があっても「気にしない、気にしない」というおめでたい人になってしまいます。何の行動もしていないのに、「必ず成功します！」とおっしゃるような人たちです。

このような方々は、プラス思考のようにも見えますが、私から申し上げたらただの誇大妄想癖です。

「快と不快」＝「苦と楽」は、２つでひとつ。ワンセットになっているわけです。つまり、苦しみが大きいほど、そのあと訪れる達成感や充実感がより大きく感じられるということです。

男女の関係でも、同様です。ちまたにはなぜ、あんなＤＶ男から離れられないのだろうか？　という女性が時々いらっしゃいます。

その秘密も脳にあります。男が時々優しくすると、女の振り子が「快」に振れて優しくしてくれた相手を好きになり、その喜びを与えてくれた人から離れられなくなってしまうのです。

女性を食い物にするような男たちは天才的な心理学者であり、心理学など学ばなくても人を操るコツを知っています。それを本能のままに実行しているのです。

この手法は別名「ヒモの法則」とも言われています。女性がこのワナにはまると、どんなにつまらない男でもたまらなく好きになり、どんなことをしても尽くしたくなってしまいます。

「危険な香りのする男が好き」などとおっしゃる女性が時々いらっしゃいますが、女性の読者の皆さんは、「間違いだらけの男選び」をしないように、どうか気をつけてください。

また、どうしてあんなインチキ占い師にお金を巻き上げられるのだろう？　と、不思議になってしまうケースもあります。ここにも、「振り子の法則」が働いています。

振り子の法則

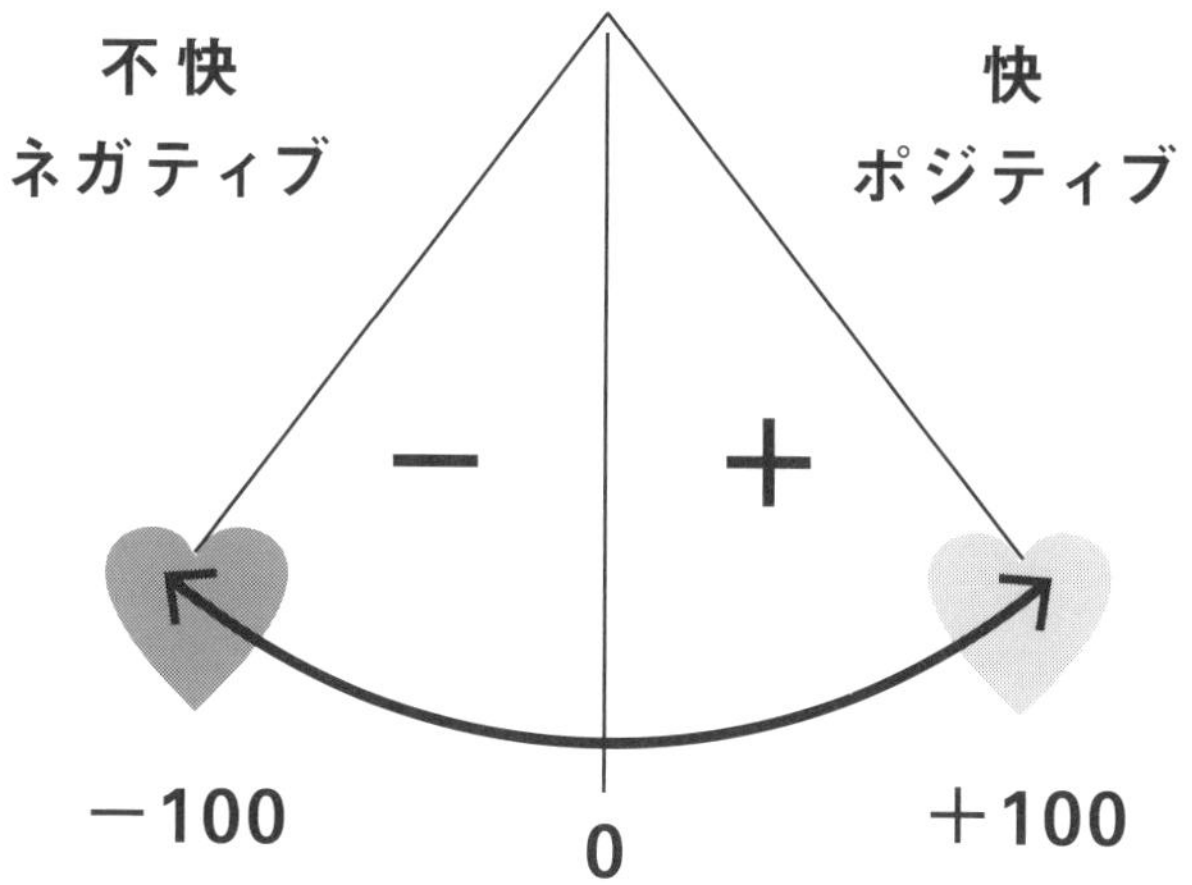

不快 → 買いたくない

●嫌い　●苦手
●苦しい　●面白くない
●暗い　●出来ない
●やる気になれない
●素直になれない　●不満
●ツイてない　●悪い錯覚をする

快 → 買いたくなる

○好き　○得意
○楽しい　○面白い
○明るい　○出来る
○やる気になる
○素直になる　○不満がない
○ツイてる　○良い錯覚をする

point
振れる幅が大きいほど、反対側に振れる力も大きくなる。

「このままだとあなたはまずいことになる」と恐怖心や不安といったマイナス感情をあおります。脳を揺さぶり「不快」に振り子をマックスまで傾かせて、「このツボを買えばあなたは幸せになれます」などと安心感や喜びを与えるのです。すると振り子が思い切り「快」に振れますから、快感はマックスに達するのです。そして、ツボを買うという行動に出てしまうのです。

ジェットコースターもお化け屋敷も同様です。恐さやスリルの「不快」があるから、振り子が大きく振られて「快」が生まれるのです。もし、ジェットコースターの高低差が小さくてノロノロ運転だったら、「快」は生まれません。誰も乗ろうとは思わないはずです。

極端な例でご説明しましょう。カルト教団の信者が、教祖の命じるままに反社会的な事件を起こしてしまったマインドコントロール事件がありました。普通の若者や、人並み以上に優秀な若者がなぜ、あのような大それたことをしてしまったのか――。そこには洗脳、マインドコントロールの心理手法が使われていました。

洗脳とは「新しい思想を繰り返し教え込んで、それまでの思想をあらためさせること」(『広辞苑』)という意味です。

つまり、戦争などで捕虜になった外国人に主義主張を変えさせたり、それまでの考えを捨てさせたりという意味に使われてきた言葉です。言ってみれば、ひとりの人間を別の人格につくりかえてしまう恐ろしい手法です。

なぜ、どんなに優秀な人間であっても別人格になってしまうのか。そこに人間の脳の不思議があります。

恐怖によるストレスは人の脳を思考停止に陥れます。そして判断力を奪います。このような状況に落とし込まれてから、優しい言葉をかけられたり、親切にされると、人の脳はどんなことでも受け入れてしまう性質があるのです。

人間の脳は、非常にだまされやすく、とてつもなく恐ろしいのです。

お客さまの脳を「快」にして味方につけよ

「脳を快にすれば消費が起こる」。この「脳の法則」をご理解いただけたことと思います。

では、お客さまの脳が不快になってしまったとき、どう対処すればよいのでしょうか。

店員とお客さまとの関係から考えてみましょう。

こんなときは知らないうちにお客さまの脳は「不快」になっています。

・店員のつくり笑いが見えてしまうとき
・店員の声のトーンに言葉とは違う本音を感じるとき

・「肩をすぼめる」「タメ息をつく」などの否定的な店員の動作が見えるとき

人の脳はウソや本音を敏感にキャッチします。あからさまな態度ではなくても、それを見抜く力が人間の脳にはあります。マイナスイメージ、マイナス感情が出ると、脳は記憶データを集めて否定的な判断を下してしまいます。

ですから、お客さまには、常にいいイメージを思い浮かべてもらうことが必要です。もしも、マイナスな表情や動作、言葉を発してしまったら、すぐに消去しておきます。消しゴムで消すように、なかったことにしておくのです。

お客さまの脳の「不快」を消して「快」に塗り替えておく。

100回マイナスになったら101回プラスにすればいいのです。

しかし、一番いいのは、「お客さまを不快にするような言葉、動作、表情は絶対に発しない」ということです。そのためには、ともかく「マイナス言葉は言わない、考えない」を普段から、徹底しておきます。

不満を持つことは、自分ではコントロールができません。しかし、持った不満を口にしない、たとえ口にしてしまっても反復して考えないということは、気をつけていれば誰にでもできます。

体の動作で脳を切り換えるのがボディランゲージです。私はよく指を鳴らします。パチンパチンと指を5回鳴らせば「イヤだな」という気持ちや思考がパッと消えます。これは私が自分自身に決めた「これは忘れた！」「これはなし！」のボディランゲージです。これをすると瞬間的に頭が切り換わります。

脳を切り換える「プラスの言葉」を使う方法もあります。否定的な言葉を肯定的なものに変えて、言葉の絶大なる力を利用する方法です。「仕事」にマイナス感情があるときは「これから楽しむ」というようなプラス感情と結びついた言葉にチェンジしてみてください。それによって心のコントロールが可能になります。

自分の脳も、お客さまの脳も「快」にする。このことを常に意識して、実行することが重要です。

PART

2

お客さまが
必ず買いたくなる！
「オヤ？ ふむふむ
なるほど！ の法則」

お客さまを誘導する「脳の法則」

"Brain's law" to move customers

好奇心を刺激してお客さまを引き寄せよ

どんなに素晴らしいモノやサービスでも、はじめからその価値を納得させようとすると消費者は拒否反応を示します。なぜなら、心の扉が閉じているのに、無理やりこじ開けるような行動だからです。

消費者がモノやサービスを購入するときの脳の働きに着目した心理プロセスが**「オヤ？　ふむふむ　なるほど！　の法則」**です。

この法則を活用すると、お客さまの心の扉が自然と開き、脳が「快」になり、「ふむふむ」と検討して「なるほど！」と納得したら、買ってくれます。

商品説明は、大脳新皮質、つまり「理屈の脳」に訴えかけるものです。

この大脳新皮質は本質的に自己防衛的です。「売りつけられるんじゃないか」「損するんじゃないか」「もっといいものがあるんじゃないか」と疑ってかかります。これではお客さまの心もお金も動きません。

ですから**まず最初に、感情の脳に訴える**のです。これが売れる「脳の法則」です。

そのためには、なんといっても最初の「オヤ?」が大切です。

「オヤ?」とは気分です。つまり驚きです。好奇心をくすぐられた時に起こる認知行動で、世の中の多くの人たちは気分で動いています。

「オヤ?」が起きたとき、脳は集中しています。

そして脳は「快」になり、心の扉が開きます。

商品の説明を「ふむふむ」と聞いて脳が分析してくれます。

そして、「なるほど!」と納得したら買う決断をしてくれます。

つまり営業用語で説明すれば、**「オヤ?」がアプローチで、「ふむふむ」が説明で、「なるほど!」はクロージング**ということです。

消費が起こるのは扁桃核が「快」の状態になって、「へえ、そうなのか」と左脳で理解して、「よし、これを買う」と決断したときです。

ちなみに**商品や宣伝を見て「オヤ?」と思った場合、イメージはわずか0・1秒、**

遅くとも0・2秒以内で感情の脳に届きます。「ふむふむ」という理屈の脳に届くのは0・4秒で、そこから思考が働きます。

このステップをお客さんの脳に起こすためには、なんといっても最初の0・1秒の「オヤ？」が大事ということです。「オヤ？」がなければ、「ふむふむ」「なるほど！」は起こりません。

「オヤ？ ふむふむ なるほど！ の法則」

「オヤ？」と興味をもつ
「ふむふむ」と分析する
「なるほど！」と購入を決める

消費行動は、たとえてみれば恋愛と一緒です。

男性は女性を見たときに、「好み！」とか「好みじゃない」とか、0・2秒以内に判断しています。このときは、「ふむふむ」はありません。あるのは「好み」とか「好みじゃない」という直感だけです。女性も男性を見たとき、「カッコいい」「ステキ」

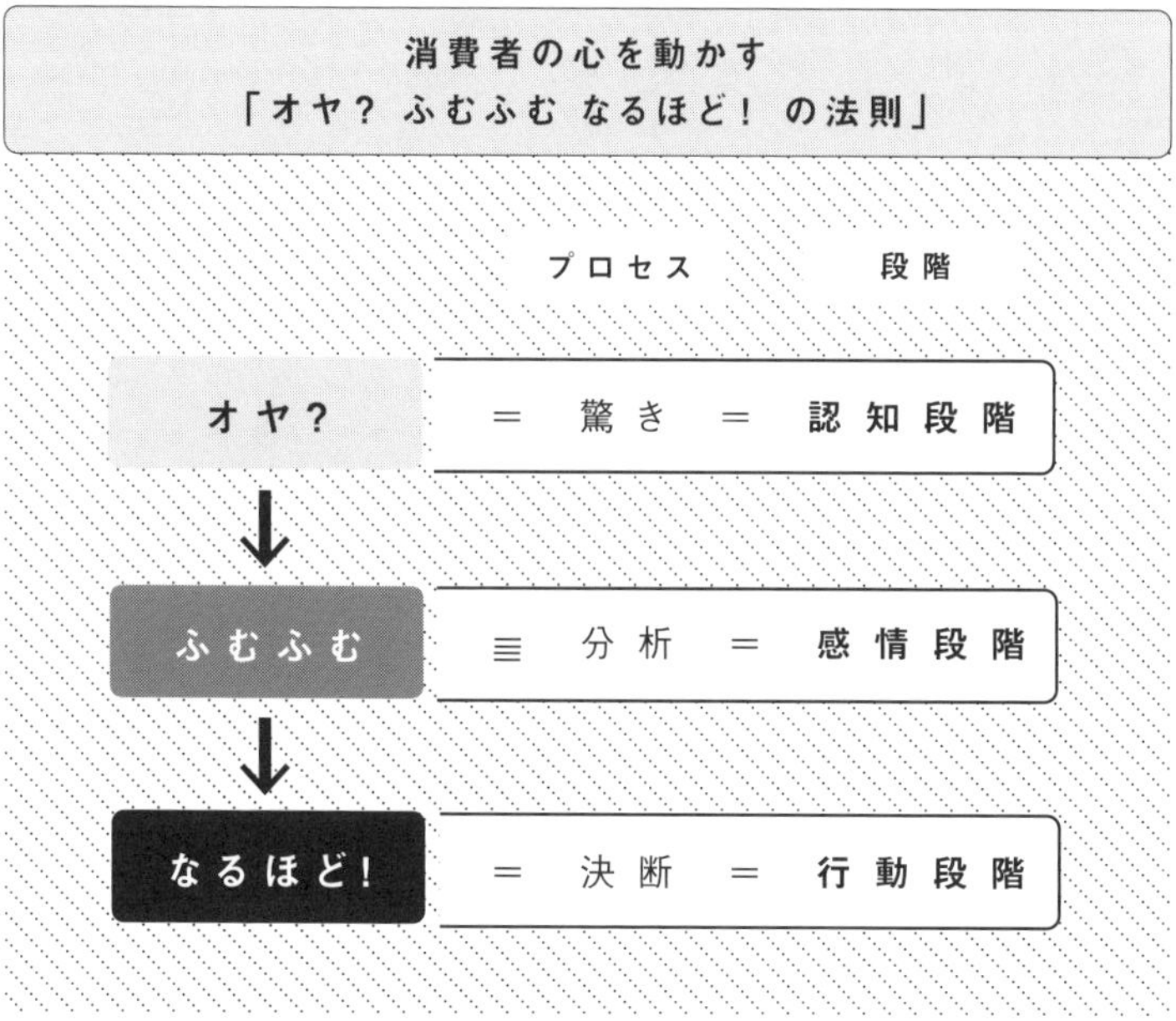

とか「好みじゃない」と感じています。

「オヤ？」と思わない人のことは興味も関心もないので、「ふむふむ」と分析もしません。その結果、クロージングには至りません。

人は、他の人とは違う何かに「オヤ？」と思うから、脳は「どんな人だろう」などと興味を持つのです。

しかし、世の中を見ていると、「オヤ？」の仕掛けをしている会社やビジネスは意外に少ないものです。

お客さまがその商品を買うと決めている目的購入では別ですが、「オヤ？」がなければ、衝動買いをしてもらうことはできません。買う気のない人には売れないということです。

そして、多くの経営者や商店主は売れないモノを売ろうとして必死に「間違った努力」をしています。商品説明を先行させてしまうのです。

例えば、シャツが欲しくてお店に来たお客さんは「綿70％、ポリエステル30％のシャツを買おう」などとは考えていません。「秋らしくなってきたから、いいのがあれば買おうかな」「かわいいお店だから、ちょっとのぞいてみようかな」などという軽い気持ちで来店しているでしょう。

しかし、お店の人は「客だ！」「売るぞ！」と意気込んで、商品説明をしてしまいます。「このシャツは綿70％、ポリエステル30％ですからシワになりにくいですよ」などと理屈の説明から入ってしまうのです。

お客さんの脳がまだ「快」になっておらずスタンバイできていないのに、強引に「ふむふむ」ばかりをアピールしているのです。

店員が一生懸命に説明すればするほど、お客さまの気持ちは離れていきます。

売る側が懇切丁寧にその商品がいかに素晴らしいか、どんなにお買い得であるかを力説しても、お客さまの気持ちは冷えていくばかりです。

特に、女性の脳は優れていますから、まだ脳が「快」になっていない段階で説明ばかりされても受け入れることができません。説明すればするほど、気持ちが離れていきます。

そんなとき、お客さまは理屈っぽい説明や、お客を逃すまいとする店員の必死さに「不快」を感じて、「うるさいな」「面倒くさいな」と思っています。早くその場を逃げ出したいとさえ思っているのです。

理屈だけで、お客さまをその気にさせることはできません。ワクワクさせて、期待させなければ、脳は「快」にはなりません。「快」にならなければ、心もお金も動きません。これが「脳の法則」です。

ですから、「綿70％、ポリエステル30％のシワになりにくいシャツ」を売るときでも、まずはイメージを提示するところから行います。それが、「脳の法則」に沿った売り方のセオリーです。

「かっこいいですね」「すてきですね」「とてもお似合いですよ」などとイメージから

消費は「オヤ?」で起こる

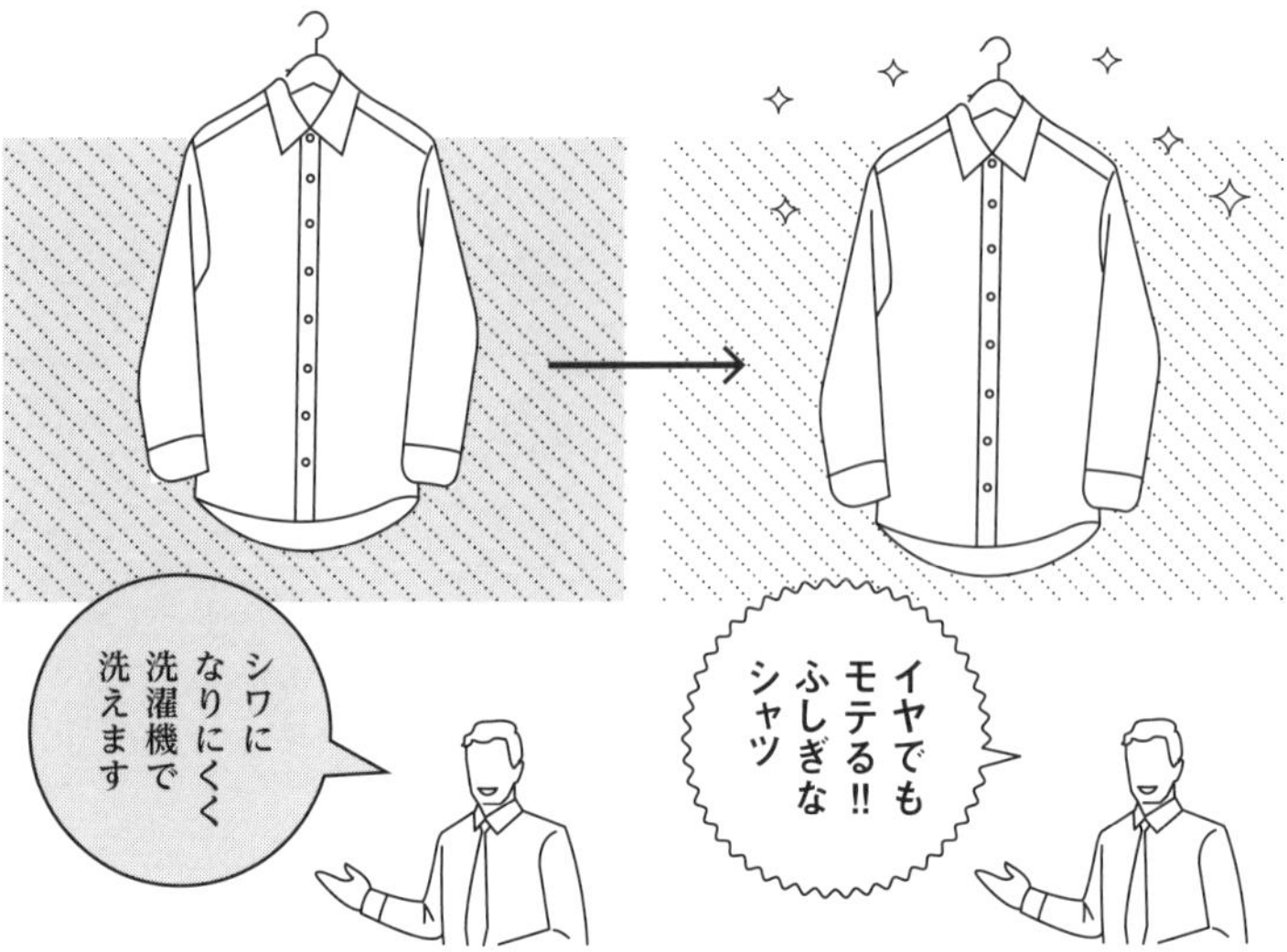

入ります。

お客さんが「オヤ?」と思ってくれたようだったら、「このブランドは今、おしゃれな方たちに大人気なんですよ。さすが、お目が高いですね」「しかも、シワになりにくく、洗濯もラクなんですよ」などとつないでいけばいいわけです。

この人間の「脳の法則」を知らずに理屈ばかりをアピールして、「売れない。売れない」と言っている人が多すぎます。

これはインターネット販売などでも同じです。まず、「オヤ？」をつくることがポイントです。

消費は「オヤ？」で起こる。

しかも、「オヤ？」で買う人は、値段をあまり見ていません。脳が「快」になって、すぐに商品をじっくり見ます。

まずは「オヤ？」をつくりましょう。

もし、あなたの提供するモノやサービスに「オヤ？」がないのならば、今すぐつくってください。すべてはそこから始まります。

"Brain's law" to move customers

消費者を無意識から動かす

人間の大脳には140億から160億個の神経細胞がびっしり詰まっていると言われています。

この膨大な数の脳細胞は、その働き方によって、大きく2つに分類することができます。ひとつは**「流動型」**、もうひとつは**「結晶型」**です。

流動型というのは、物事をじっくり考えるときに活動する脳細胞の働き方です。数学の問題を解くような、論理的な思考では流動型が使われます。

一方、結晶型のほうは論理的というより直感的です。私たちの脳は、物事を意識的に考えるだけでなく、無意識の判断も絶えず行っています。これが結晶型の働きです。目の前のものを「ペンだ」「ノートだ」と判断しているのも結晶型の働きです。

人間はこの「結晶型」の働きを、一日におよそ7万回も使っていると言います。

街を歩いていて異性を見ると、「オヤ? 好みのタイプ」と脳が「快」になったり「好みじゃない」などと感じたりします。意識していなくても、脳が勝手に記憶データを集めて、いつの間にか判断しているのです。

結晶型の働き

- **無意識のうちに記憶の分析・検索を行う**
- **ものすごいスピードで情報判断を行う**

このような働きを、結晶型は無意識のうちに絶えず行っています。意識で思考するまえに、ものすごいスピードで判断しているのです。

物事の受け止め方にはすべて、結晶型の判断が影響しています。消費を動かすには消費者の結晶型に「オヤ?」と判断してもらえる仕掛けが必要なのです。

思い切った「オヤ？」を生み出せ

消費者に「オヤ？」と思ってもらえるアイデアを考えるときに大切なのは、**これまでの価値観を捨てる、**ということです。

どうしたら今までの価値観を捨てられるのか、新しいモノやサービスをイメージできるのか。それを「脳の法則」から言うと、「常識を疑ってみる」ということです。

人間は「自分が正しい」と思った瞬間に思考が停止しています。「そんなことができるはずがない」「今までの常識で考えたらムリだ」「自分は正しい。相手が間違っている」「世の中そんなに甘いものじゃない」――、このように思った瞬間に恐ろしいように思考は停止するのです。

人間の脳は、前提条件に従って物事を見たり考えたりしています。前提条件とは、ある物事が成り立つために、満たされていなければならない条件となっているものです。

脳は前提条件によって働く。

これを**「前提条件の法則」**といいます。

前提条件は体験や経験を通じた記憶データの集積からできています。

幼少の頃よりクラシックの演奏家に囲まれて育った人は、「楽器が弾けることはあたり前」という前提条件のある脳になっています。子どもの頃から「カッコいい」と言われている人は、「自分がカッコいい」という前提条件のある脳になっています。いつもモテる人は、「自分はモテる」という前提条件のある脳になっています。

この**脳の前提条件を変えれば、常識の枠が変わります**。常識の枠が壊れるとアイデアの枠が広がります。そうすると、消費者が「オヤ?」と思う面白いアイデアを思いつくことができるのです。

従来の常識を「前提条件」としていると、何の変化も起こりません。

このビジネスはこういうことになっている、という固定化した思考では、新しいアイデアは生まれないのです。

現実を前提条件にして出てくる発想は、前提条件に縛られ、その内側に制限されてしまいます。過去の延長線上でしか未来をイメージできません。それでは、「オヤ？」はつくれません。ですから、脳を動かすために前提条件を変えて、違う方向から眺めてみるのです。

「前提条件」を変えて考えると、他人がやっていない新しい価値観が出てきます。そうすると新しいモノやサービスが具体的にイメージできるのです。

例えば、旅行で考えてみましょう。

「次の休みはどこに旅行したいですか？」と聞かれたら、「国内旅行」か「海外旅行」か、「アジア」か「ヨーロッパ」か、もしくは、「格安旅行」か「豪華な旅行」か、などと考える人が多いことでしょう。

ところが、これまでの前提条件の枠をはずして「行きたいところ」「見たいところ」をイメージしてみてください。まったく新しいアイデアが生まれます。

「安土城の天守閣に上って、織田信長に会ってみたい」「江戸時代にトリップして、蔦屋重三郎の店に行って、写楽の浮世絵を買いたい」――。時空を超えるというアイデアから、新しい旅のスタイルを生み出せるかもしれません。

次に働き方で考えてみましょう。

多くの人は「一生懸命に働けばうまくいく」と思っていることでしょう。しかし、「一生懸命働いても必ず儲かるわけではない」という前提条件に気づくと、働き方が変わります。

「儲かって仕方ない人」と「まったく儲からない人」との差とは、このイメージ力の差です。これからのビジネスは、何をイメージするかの脳の勝負なのです。

イメージ力をつけるために、常識とされていることを疑うクセをつけてください。「感覚破壊」とは、それまでの価値観を捨て、まったく新しい価値を創造していくことです。感覚破壊を意識して、脳を若く保ちましょう。

とてつもない勝者になる「オヤ？」のつくり方

これからの時代はアイデアの時代です。従来の脳の感覚では時代に置いていかれてしまいます。儲けることが得意な特殊な脳をした人が突出していくのです。

これからの時代には平均的なビジネスは通用しません。平均的でないビジネスを考えるには、平均をよしとする脳から少しずれた「オヤ？」を考えつける脳になってしまえばいいのです。

これまでは組織の時代でしたから、社会のリーダーになったり、ビジネスで成功するために、多くの人たちが論理的な思考を行ってきました。聴く力、考える力、話す力、書く力、タイムマネジメントなどを追求してきたのです。これらの力が優秀であることが、成功の条件でした。

しかし、これからの時代に「オヤ？」と思われるアイデアを生み出すためには、論理的な思考法だけでは通用しません。批判的な思考が必要です。

このことをわかりやすくお伝えするために、経営者のための勉強会や講演会などでは**「信長の脳になれ」**というたとえを使って、お話ししています。

織田信長はあらゆる面で、誰も思いつかないようなとてつもないことを掲げ、次々と実行した戦国時代の武将です。天下統一を目前にした本能寺の変で、非業の死を遂げたと言われています。

これからの時代に圧倒的な勝者になろうと思ったら、現状を安定させる徳川家康のような脳ではなく、現状を壊して変える織田信長のような脳になる必要があります。

1800年代半ばに産業革命が起こり、エジソンが実用的な電球を発明したのをきっかけに電気革命が起こり、地球上の人口が一気に増えていきました。スティーブ・ジョブズは革新的なアイデアで、世の中のライフスタイルを一変させました。

そのような現状打破的な脳を開発する方法が、前提条件を疑ってみるという思考法なのです。

今うまくいっていても、同じことばかりを継続していると、衰退していきます。

圧倒的な多数が敗者となっていくこれからの時代に、とてつもないアイデアを生み出して勝者となるためには、多くのことにノーという批判的な思考の訓練が必要です。批判的な思考をすることが脳の力を開発する訓練になるのです。

批判的な思考には2種類あります。**「無知の否定」**と**「博識の否定」**と言うものです。正当性のない批判は感情的な否定であり、主観的です。これを「無知の否定」と言います。正当性のある否定は論理的な否定であり客観的です。多くのことを知った上での否定です。感覚破壊を起こすアイデアを生み出すためには、この「博識の否定」が必要なのです。

時代によって求められる脳の使い方は変化します。

論理的な思考法は能力開発であり、批判的な思考法は脳力開発だと言うことができます。

- **レッドオーシャン＝差別化＝論理的分析＝ロジカルシンキング**
- **ブルーオーシャン＝独自化＝批判的思考＝クリティカルシンキング**

レッドオーシャン戦略は競合がひしめく既存の市場での差別化の戦いです。ですから、奪い合いが起こります。いかに、低コスト化するかの論理的な脳の使い方が必要です。

一方、ブルーオーシャン戦略は新しい価値を提供して新しい市場を創造する独自化の戦いです。ですから、新しいアイデアを生み出す脳の使い方が必要なのです。

これまでは、「儲けるために批判的な思考は必要ない」、そう多くの人たちは考えていました。

しかし、これからの時代に大きく儲けるためには、感覚破壊を起こしてビジネスを独自化することが必要です。

そのために批判的思考で「博識の否定」を行って、とてつもない「オヤ？」を生み出すことが重要なのです。

"Brain's law" to move customers

革命的な「オヤ？」をつくるカギは好奇心

感覚破壊の大元になるのは好奇心です。

最近の多くの大人たちは好奇心を失っているように見えます。関心はあっても好奇心がない。ワクワクしないで惰性で生きているような人たちが非常に多いのです。

じつは、好奇心にも段階があります。

知りたいという欲求から始まり、知識と理解を深めたいという**知的好奇心**になります。さらには、他者の考えや感情を知りたいという**共感的好奇心**へと進化します。すると、居ても立ってもいられない衝動が生まれ、人に会いに行くようになります。そうすると、自然にコミュニケーション能力も高まります。その結果、イノベーションを起こすようなアイデアが生まれるのです。

好奇心から革新的なアイデアが生まれる！

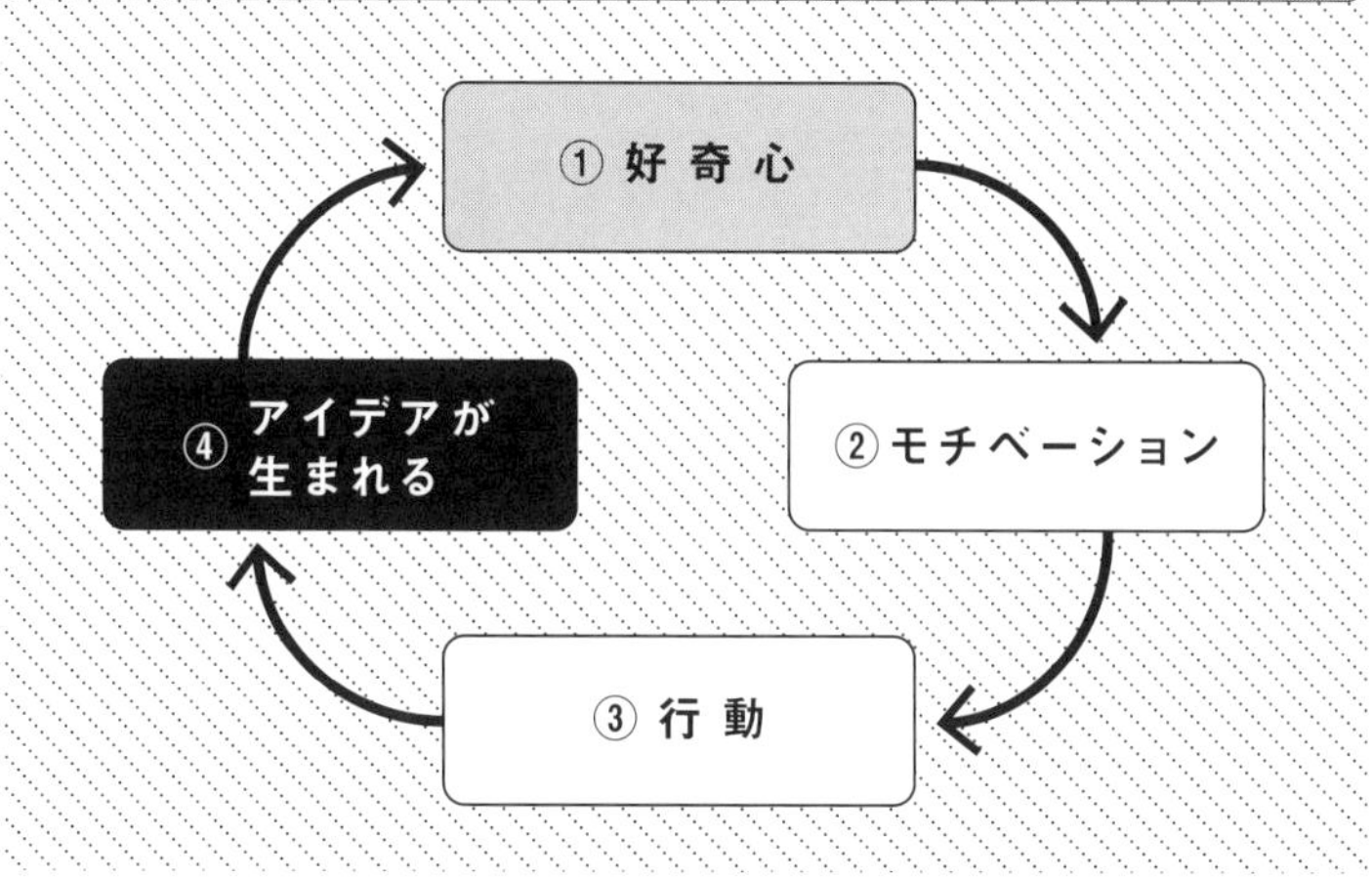

好奇心は攻めだということです。自然とモチベーションが高まり、これまでの常識や感覚を破壊するような力になるのです。

多くの人たちにあるのは好奇心ではなく関心です。

関心というのは、興味を持つということであり、考えることです。

ですから、居ても立ってもいられないほど追求したいという集中力がないのです。それでは、常識や感覚を破壊するほどの力にはなりません。

好奇心を持ち続けるのは簡単なようでいて難しいのです。なぜなら、好奇心は知識がないと出てきません。

また、脳の仕組みから申し上げると好奇心は感情脳と連動していますから、驚きや感動がないと生まれません。さらに、自分に自信がないと出てこないのです。好奇心を持ち続けるのにはコツがあります。これは、経営者の勉強会などでお伝えしているものです。ここで、読者の皆さんにもお教えしましょう。

好奇心を持ち続ける7つの秘密

①成功にあぐらをかかない――「成功」は脳を安心させ人の好奇心を奪う。
②脳のデータベースが重要である――普段からいろいろな情報を集めて、脳を成功するビッグデータにする。
③優れたアイデアに洗脳されるな――まだまだアイデアはあると思え。
④脳に「なぜ?」を問い続ける――「なぜ?」という問いが好奇心の本質である。
⑤指や手、ボディランゲージを使って考える――ボディランゲージが脳に刺激を与える。
⑥平凡から面白さを見出す――人が「あたり前」と言うことにも面白さが隠れている。

⑦自分は天才だと思え――脳に徹底的に問いかける。「答え」が出ても満足せず「もっといいものがあるかも？」と疑うクセをつける。

とてつもないアイデアを生み出して、とてつもなく儲けようと思うのであれば、好奇心を持つことです。

天才たちのように革命的なアイデアを生み出そうと思ったら、脳を揺さぶり続けることが必要なのです。

攻略方法は消費者のタイプで変えよ

「オヤ？　ふむふむ　なるほど！」をつくるとき、留意すべきことがあります。

それは、**消費者にはさまざまなタイプがあり、そのタイプによって、作戦を変える必要がある、**ということです。

消費者のタイプ分類は、いろいろな角度から考えることができます。所得・資産、社会階層、職業や職種、性格（情緒的、論理的、保守的、革新的、権威的など）、あるいはさとり世代、ゆとり世代、団塊世代とか、バブル世代のような世代的・年齢的な分類もできます。

経営者、会社員、商店主、小さな子育て世代の主婦、大学生、シニア……などと分類することもできます。

それぞれのグループごとに、生活パターン、趣味や話題、買い物する店、情報の入手方法なども違います。グループごとに共通の考え方や感じ方があり、購買行動の特徴も異なっているのです。

企業の商品企画部門、あるいは広告代理店や経営コンサルタントは、潜在顧客の世代や職業、社会階層などを細分化して消費者のニーズをつかみます。

皆さんが「オヤ? ふむふむ なるほど!」をつくるとき考慮すべきなのも、このセグメンテーション戦略です。

ターゲットを決めるときのセグメンテーションの区分には、一般的には次のようなものがあります。

①年齢、性別、学歴、収入、家族構成など
②国、地域など
③性格、ライフスタイル、趣味など
④なぜ買うのか、どう買うのか、どれくらい買うのかなど

ただし、市場を細分化するのではなく、消費者一人ひとりを細分化してそのニーズをつかむ必要があります。

言い換えれば、効果的に消費者の心を攻略するには、「お客さまがどんなグループに属しているかを知る」「そのグループの考え方や感じ方、また趣味や好みのパターン、購買行動の特性を把握する」ということです。

現在の市場は細分化しているので、「ビジネスマン」とか「女子大生」などといった大雑把なセグメントではうまくいきません。

「丸の内に通勤する20代前半の独身女性」とか、「70代前半のアクティブな年金受給者で健康志向の人」などというように、キャラクターをよりパーソナルに絞っていくようにします。

参考になるのがイリノイ大学のベル教授が発表した「流行と4つの商品購買層」です。ベル教授のセグメンテーション（市場区分け）は、「流行の広まり方」を分析したものです。

79ページの図を見てください。頂点にある5パーセントのスキミング層（上澄み層）から始まって、15パーセントのイノベータ層（革新層）、さらに35パーセントの

流行と4つの商品購買層

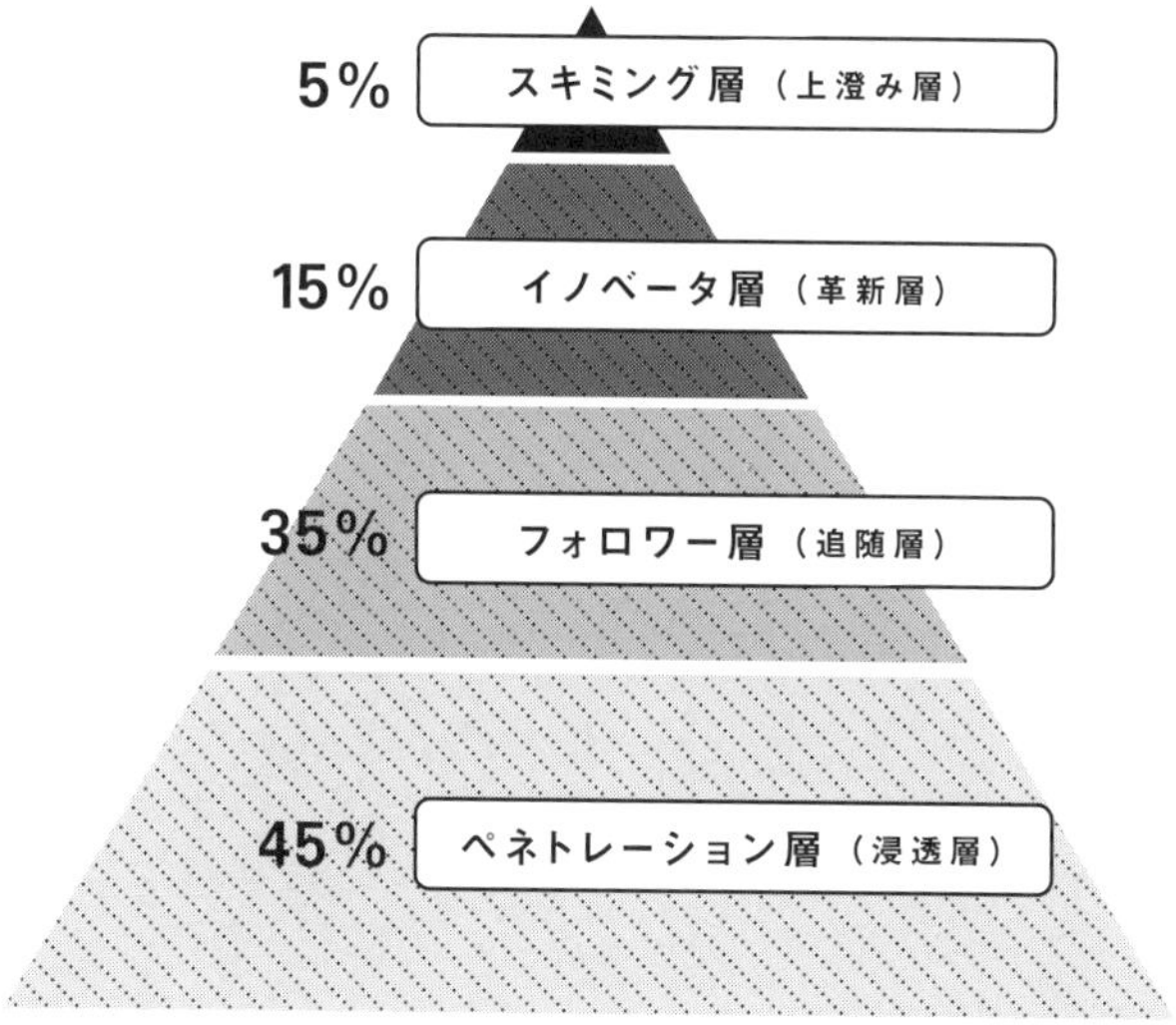

イリノイ大学ベル教授の研究より

フォロワー層（追随層）、そして最後に45パーセントを占める裾野である、ペネトレーション層（浸透層）へと、流行は徐々に下へ広まっていきます。

重要なのは、4つの購買層が社会的・経済的な階層と重なるということです。私たちが注目すべきなのも、それぞれの購買層に特徴的な価値観とか人生観、考え方や感じ方のクセ、またそこから出てくる購買行動のパターンです。

▼スキミング層（上位5パーセント）

人口の5パーセントしかいない超富裕層で、良いと思ったものは、どんな高額でも気にせず購入します。値札を見ないで買う人たちであり、価格はあまり意味を持ちません。ですからこの人たちには、どんな値引きも決め手にはなりません。

この層のお客さまは洗練されています。選んでもらうためには、洗練されたモノやサービス、売り方が求められます。

また価格にとらわれないぶん、お付き合いで購入する人たちでもあります。「あなたがそう言うなら、いただくわ」「きみがそこまで勧めるなら、断れんな」。義理や人情、恩といった人間関係的な要素が、購買行動に大きく影響します。

スキミング層の人たちは人間関係を大切にしています。人を紹介するときにも、大変に慎重です。しかし、誰でも構わずに紹介するのではなく、信頼関係ができている人だけを紹介するので質の良い人間関係が築かれていきます。

またこの層の豊かさは、景気にはあまり左右されません。たとえ不景気なときでも高額商品が売れる層です。

▼イノベーター層（上から2層目の15パーセント）

新興の富裕層をイメージするとわかりやすいでしょう。スキミング層にあこがれとコンプレックスがあり、常に意識しています。社会の変化とともに、入れ替わっていく層ですから、時代的な勢いがあり、消費も派手です。

この層の購買行動の特徴は、「見せびらかしの消費」と言ってよいでしょう。

高級品や最先端の流行に弱く、一番値の張る最高級外車を自宅の庭に置いたりするのは、たいていイノベーター層です。

高額商品の最大ターゲットですが、スキミング層と違って、心まで大金持ちというわけではないので値切ることも忘れません。

仕事にはとても意欲的です。自力でのし上がってきた人、競争を勝ち残ってきた人が多く、進取の気性に富み、知識欲もあり、好奇心も大変旺盛です。

人をどんどん紹介してくれるのはこの層です。しかし、誰でも彼でも紹介する場合もあります。

イノベーター層を狙うと、その下のフォロワー層もついてきます。

▼フォロワー層（上から3層目の35パーセント）

所得で言うと中の上や中の中ぐらいでしょう。好景気にはイノベータ層に追随して高額商品の購入意欲が高まりますが、景気が後退するとたちまち防衛的になってしまいペネトレーション層に近づいていきます。

特徴的なのは、隣をとても気にするところ。同じフォロワー層を常に意識していて、いい意味では仲間意識が強く、展示会などに誘ってもお友だちと一緒にやって来ます。別の見方をすると対抗意識が強く、「誰々さんが買ったからうちも買おう」という発想があります。隣よりワンランク上を欲しがるケースが多いということも覚えておくといいでしょう。

▼ペネトレーション層（底辺の45パーセント）

価格が最大の関心事であり、「少しでも安く」がポリシーです。「おまけ」「割引」に弱く、安売り、特売、景品などが、この層の人たちの購買行動を大きく左右しています。けれどB級商品であっても、それなりに楽しむことのできる層です。いわゆる、テレビCMなどを使った大量販売のお客さまです。

このように、消費者は所得に応じて階層化していて、それぞれが思考も感情もイメージも違います。つまり、「快」を起こすスイッチが違うのです。4つの層それぞれに対応した「オヤ？　ふむふむ　なるほど！」のスキルを知って、使い分けることが肝要です。

お客さまが4つの層のどれに入るかによって、作戦の立て方も変わってきます。ペネトレーション層を相手に大成功しても、同じやり方はスキミング層やイノベータ層には通用しません。

ペネトレーション層にはペネトレーション層のポリシーがあります。スキミング層とのポリシーとはまったく違うわけです。

どの層がターゲットなのか、それによってお客さまの脳を「快」にする方法が異なるということです。

あなたのビジネスはどの層をターゲットにしていますか？

ターゲット層を分析して、あなたのお客さまに「オヤ？　ふむふむ　なるほど！」を感じてもらう作戦を練ってください。

"Brain's law" to move customers

「エコーチェンバー現象」を逆手に取る

セグメンテーションごとの誘導で注目されているテクニックがあります。それが、**エコーチェンバー現象**を利用して消費者を動かす方法です。

どのような現象かを、説明していきましょう。

今、世界はＳＮＳで動いていると言っても過言ではありません。朝起きてから、夜眠るまで、何度となくＳＮＳをチェックしている人は多いことでしょう。電車を待つちょっとした空き時間でも、ＳＮＳを見るのが習慣になっている人が増えています。

ＳＮＳは複数の人から構成される小さなグループだと言えます。そのグループは自分が好きな人、気の合う人ばかりですから、同意見ばかり飛び交う環境に身を置くことになります。

毎日毎日、そのグループの中の書き込みを見続けるわけです。

私の勉強会や著書で学ばれている皆さんは、脳への「入力」と「出力」という仕組みについて理解していただいていると思います。

初めての読者の方もいらっしゃると思うので、ここで改めてお話ししておきましょう。

・「入力」——見たり聞いたりした経験や、イメージしたり感じたことや、思ったことのすべて。

・「出力」——脳への「入力」に対して、起こした行動や言葉などのすべて。

この脳への「入力」と「出力」を繰り返すことで、思考回路は強化されていきます。

そして、脳は記憶のネットワークをつくっていきます。

成人の脳は数百億〜1000億以上の神経細胞からできていると言われています。

細胞同士はシナプスによってつながっています。神経細胞が興奮すると、電気的な興奮が起こり、シナプスのところで神経伝達物質が放出されて、次の神経細胞に信号を伝えていきます。

神経細胞やシナプスにはいろいろな形や大きさがあります。ですから、人間の脳はとても複雑で「宇宙よりも深い」といつも申し上げているのです。

脳は母親の胎内にいる時から多くの情報を入手し、人間としての脳の機能を充実させていきます。生まれてから記憶を司る神経細胞の数は変化していきます。神経細胞は脳内でネットワークを組んで、誰かと同じものはない、あなただけの脳をつくっていくのです。

つまり、SNSではある特定の人の偏った考え方を自分の脳に「入力」し続け、コメントを書くことで「出力」して強化してしまうということが起きます。

小さなグループの中では、グループの人との関係性が密接に確立されていきます。

例えば、誰かが独りよがりな意見を発信し、それを受け容れられない人を排除していくというようなことがSNSでは見られます。同じ意見の人だけが話し合っているうちに、それがたとえどんなことであろうと、偏った同一の価値観ができてしまいます。グループのみんなが信じてしまうのです。

人間は「自分が正しい」と一旦思うと、なかなかそれ以外の見方をするのが難しく

脳は「入力」と「出力」で動いている

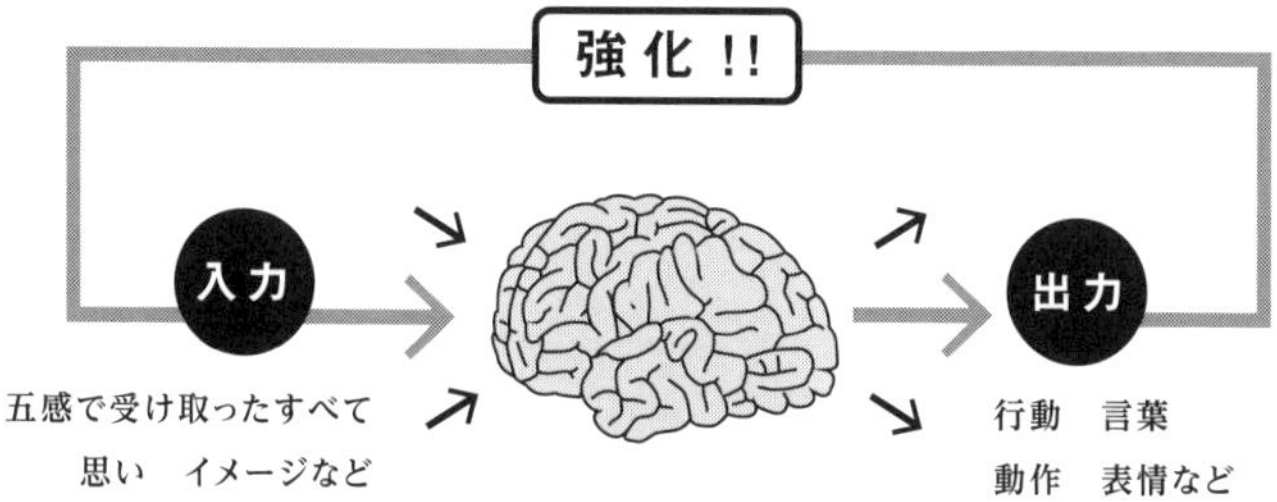

point
脳への「入力」と「出力」を繰り返すことで、思考回路は強化されていく。

なっていくとお話ししました。つまり、思考が停止してしまうという「脳の法則」がSNSでは起こりやすいのです。

そうなると、脳には一方的に情報が「入力」されて、強化されていきます。まるで、小さい部屋で同じ言葉を何回も何回も一方的に聞き続けるのと同じです。

つまり、脳が勝手に学習し、勝手に判断し、勝手に強化されていくのです。洗脳と同じ行為がネットでも行われてしまう危険性があるということなのです。

今、このエコーチェンバー現象が広がっています。

エコーチェンバーとはエコー(echo＝共鳴)とチェンバー(chamber＝部屋)を組

み合わせた言葉です。

このエコーチェンバー現象は、ＳＮＳ洗脳などとも言われる非常に危険なものではありますが、この現象を使って、大儲けしている人たちもいます。それが、上手にインターネットビジネスを仕掛けている人たちです。

人間の脳には「一貫性の法則」というものがあります。人間は一度自分で発した言葉や行動に対して、一貫性を貫こうとします。エコーチェンバーも同一の価値観の人たちでいろいろな言動をしていると、「一貫性の法則」で動こうとします。自分の言動には逆らえないのです。

消費者を誘導して消費を起こさせるエコーチェンバーのやり方があります。

例えば、「高級ファッションが好き」というグループＡがあるとします。人工知能の時代には一対一のビジネスができるので、その人たちが気に入りそうな話題をグループＡに徹底的に流していきます。何度も情報を流して、強化していきます。

「ナチュラルファッションが好き」というグループＢには、その人たちが気に入りそうな情報を徹底的に流していきます。こちらも、何度も情報を流して強化します。

強化できたところで、「高級ファッションが好き」というグループにはその人たちの脳が「快」になるような高級ファッションを提供します。同時に、「ナチュラルファッションが好き」というグループにはその人たちの脳が「快」になるようなナチュラルファッションを提供します。すると、「待ってました！」とばかりに買ってくれます。

この手法は一見、非常に卑怯そうに見えます。しかし、顧客のセグメンテーションの中でもレベルの高い誘導セグメンテーションです。セグメンテーションごとに誘導を図るというわけです。

エコーチェンバー現象に陥ると、批判的な物の見方や、「なぜ？」という問いがなくなっていきます。「イエス」と「ノー」の二元論になってしまうのです。視野が狭まって、思考が停止してしまうのです。

このように、エコーチェンバー現象は人の脳と心に非常に大きな力をもたらします。このことを十分に理解して、悪用しないことを約束してください。

お客さまを主役にする「ストーリーの法則」

見た目やネーミングに「オヤ？」という面白さをつくり、さらにそこに「ストーリー」を加えるとお客さんの脳は買いたくなります。この心理作戦が**「ストーリーの法則」**です。

例えば、２つのペットボトルの水があるとします。

A「天然水」

B「北海道の○○山のふもとから採水した天然水」

さて皆さんは、どちらの水を選びますか？

これを買えば、こうなる。

エピソードをモノやサービスに付け加えると、「オヤ？」と思ってもらえます。ストーリーで興味を持ってもらい、消費者の脳が「快」になってから、軟水と硬水の違いや、水の種類、ろ過法などについての説明を加えると消費者の脳に「ふむふむ」とすんなり入ります。飲んで納得できれば「なるほど！」と言ってもらえます。

世界で最も売れている本（商品）は『バイブル（聖書）』でしょう。したがって、世界一の営業マンはイエス・キリストであるという意見もあるぐらいです。

もしそうだとしたら、そこにはどんな「ストーリー」があるのでしょうか。

キリストが、正確に言えばキリストの後継者たちが、バイブルに与えたストーリーは、「この本を読めば、あなたも救われる」というものです。

あるいは「今どんなに苦しくても、この本を読めば幸せになれる」「この本を読めば心静かに、安らかに暮らせる」「この本を読めば、神の意志のまま正しく生きられる」——そのような期待を抱かせるのです。

消費者の心をつかむのは、このストーリーです。

つまり、**消費者が期待するような未来のビジョンを提示し、あなたもそこへ行けるというストーリー**なのです。

ワクワクするビジョンを消費者に与え、「あなたもそうなれる」というワクワクするストーリーにお客さまを巻き込んで脳に描くのです。

ワクワクするイメージは、人によって異なります。ただ一般的には、「幸せ」「成功」「子ども」「夢、願いの実現」などにワクワクする人が多いでしょう。

例えば、こういうことです。

・これを買えば、やせる。
・これを買えば、モテる。
・これを買えば、恋人ができる。
・これを買えば、儲かる。
・これを買えば、頭がよくなる。
・これを買えば、長生きできる。

**見た目やネーミングで「オヤ?」をつくり、
そこにストーリーを加える**

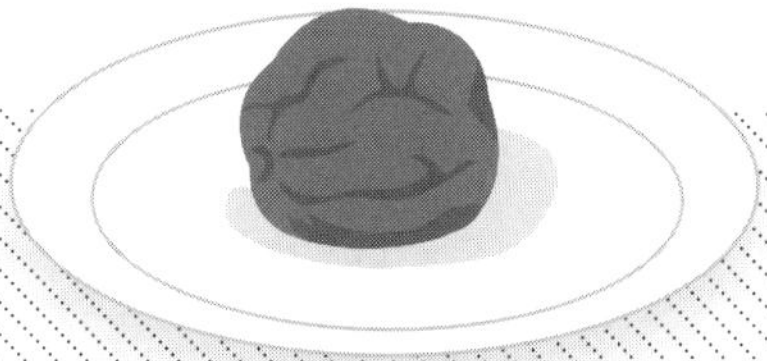

1粒○万円の梅干し

+

**ありえないほど値段が高い
「高級な梅干し」のストーリーとは?**

○○が漬けた梅干し

○○でしか買えない

○○で漬けた
伝統の梅干し

○○年に一度しか
販売しない幻の梅干し

○○が育てた梅を
○○で漬けた

point

**消費者の興味があり、
ストーリーが加わると売れる!**

こうしたストーリーに沿って、脚本をつくり、効果的に演出するのです。成功の確率を高めたければ、「脚本家」「演出家」「演技者」の3つの役割をこなして、消費者の脳を「快」にしなければなりません。

このストーリーづくりの方法を拙著『No.1営業力』（現代書林）で詳しく述べましたが、大切なことですので、ここで改めて2つのポイントをまとめておきましょう。

①「脚本」は作戦計画である

どのようなイメージが効果的であるかは、人によって違います。その人の年齢、興味、関心、家族関係などによっても違ってきます。

②「演出」「演技」はイメージづくりである

どんなイメージで売り手が演出するかによって、取り扱う商品価値まで大きく変わってしまいます。

イメージにはいくつか種類があります。

・安心感を与える**「デキル型」**
・ホッとさせる**「癒し型」**
・ご用を買って出る**「ご用聞き型」**
・信用を獲得する**「誠実一筋型」**
・懐に飛び込む**「意気投合型」**
・楽しさや和やかさを演出する**「ホステス型」**
・お客さまに頼られる**「何でも知っている型」**

皆さんはどのイメージで仕事をしていますか。

もちろん、イメージはひとつだけでなくてもいいのです。優秀な人ほど、いくつもの顔を持って、状況に応じて、違った自分を演出しています。

こう言うと何だか難しいことのように聞こえます。けれど誰でも、無意識のうちにやっていることです。中途半端ではいけません。お客さまを感動させるほど、徹底的にやるということです。

お客さまに宣伝してもらう「口コミの法則」

インターネットの影響で、口コミからヒットが生まれることが多くなっています。

SNSやツイッター、動画投稿サイトなどのウェブ上で、ある特定のことが一気に話題になることをバズるなどと言います。ネット上に書き込むことで、情報が瞬時に広がるようになってきているのです。

口コミを使ったマーケティングはバズマーケティングとも言われます。バズとは英語で buzz という動詞で「〈ハチ・機械などが〉ブンブンいう」(『新英和中辞典』研究社)という意味があります。

しかもその情報は、国内だけではなく、世界中に広がることもあります。

少し前になりますが、それを実感するできごとがありました。

千葉県出身のシンガーソングライターを自称する「ピコ太郎」さんが大人気となり世界を席巻しました。

「ＰＰＡＰ（Pen-Pineapple-Apple-Pen Official）ペンパイナッポーアッポーペン」の動画を配信したところ、２０１６年の9月28日に世界的に人気のジャスティン・ビーバーさんが自身のツイッターで「お気に入りのビデオ」として紹介したそうです。

そこから、人気が大爆発。ユーチューブの週間再生回数ランキング「ミュージック全世界トップ１００」（集計期間２０１６年９／30～10／16付）で世界一となり、世界的話題に発展しました。

アメリカのニュース雑誌『ＴＩＭＥ』やニュース専門放送局『ＣＮＮ』、イギリスの公共放送局『ＢＢＣ』までもが、「ＰＰＡＰ」現象を報じたそうです。

ピコ太郎さんのちょっとチープでおかしみのある見た目、「ＰＰＡＰ」の一度聴いたら忘れられないピコピコした音、一度見たら忘れられないこのユニークな短い動画に世界中が「オヤ？」と好奇心を持ったわけです。

「オヤ？」と思って、見て「ふむふむ」「なるほど、面白い！」と思って、世界中の人たちが一斉に口コミしたのです。

「オヤ?」があって、面白いと思ったら、人にも話したくなるのです。いや、「オヤ?」と感じたことしか口コミしない、と言ったほうがいいでしょう。

口コミのカギは「オヤ?」にある。

ピコ太郎さんの事例からもわかるように、口コミは「オヤ?」から起こります。面白いこと、ユニークなこと、感動したこと、美しいこと、カッコいいこと、初めて見るようなことは誰かに伝えたくなるのです。

最近では、口コミを起こすために、モノやサービスの見せ方を工夫する店が増えています。「インスタグラム映《ば》え」などとも言われていますね。

〝ご馳走《ちそう》〟のイメージがあるローストビーフをどんぶりに山々と積み上げた「ローストビーフ丼」が大人気になったという記事をインターネットで見ました。

高級なイメージのあるローストビーフが惜しげもなく載っているどんぶりの写真に、私も思わず「オヤ?」と思いました。こんなローストビーフ丼を食べたら、友人知人に自慢したくなることでしょう。

このように、見た目に「オヤ？」と思ってワクワクしてもらえれば、ＳＮＳなどに写真や動画を投稿してもらえます。すると口コミが起きて話題につながります。結果的に、お客さんが無料の宣伝マンになってくださるというわけです。

日本人は、流行に弱いと言われています。言い換えれば、流行に乗りやすいということです。

ですから、儲かって儲かって仕方ない人は「話題をつくる」ことに本気になっています。

あなたのビジネスには「オヤ？」がありますか？
あなたの商品やサービスには「オヤ？」がありますか？

ＳＮＳやツイッター、動画投稿サイトだけでなく、お客さまに「オヤ？」と思ってもらえるネタを仕掛ける方法はいろいろあります。

自社の強みや特色を掘り起こして、広報ＰＲにつなげましょう。メディアや消費者の興味や関心、共感が得られれば、口コミや話題づくりにつながります。

大きな話題があるときには、記者会見を開くことも有効です。また、お客さまを招待して新商品を試してもらう「特別な会」を開催するのもおすすめです。この場でさらに「オヤ？」と思ってもらうのです。

「口コミの法則」を活用して、お客さまに宣伝マンになってもらう方法を実践してみてください。

PART

3

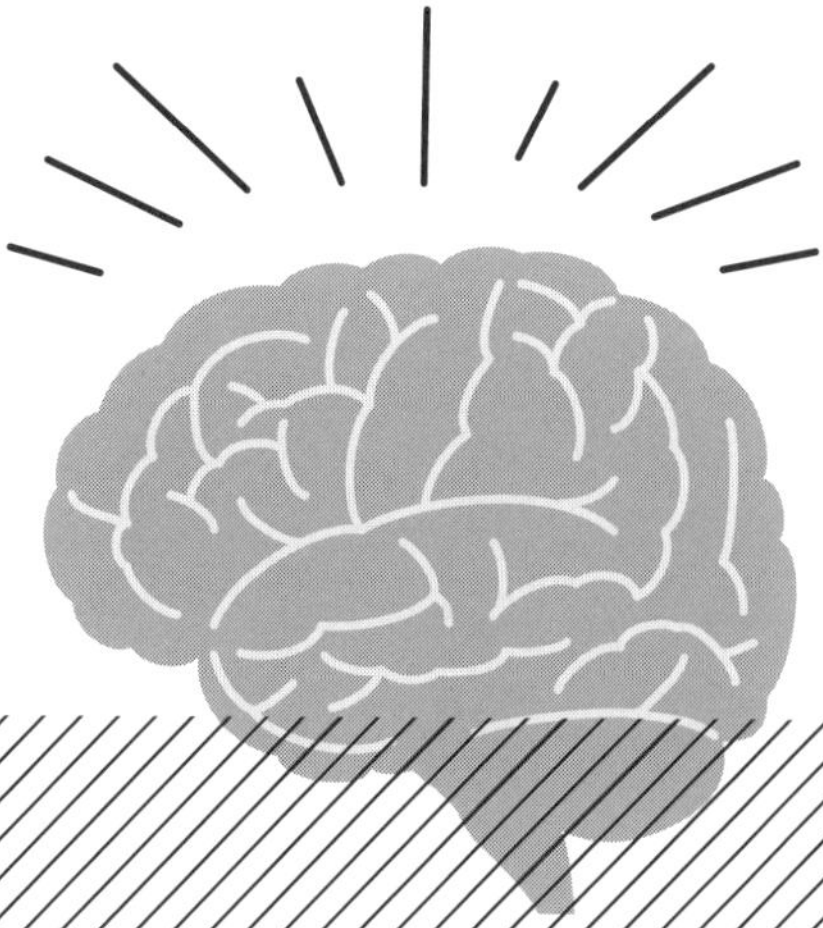

お客さまが
面白いように集まる！
「おかずの法則」

爆発的に売れる「脳の法則」

"Brain's law" to
move customers

「おかずの法則」で購買動機をつくる

前章では、消費者が購買に至るまでの「脳の法則」を「オヤ？　ふむふむ　なるほど！　の法則」を中心に学んでいただきました。

「売れる」ために次にすべきこと。それは、これです。

ビジネスを独自化する。

ビジネスを独自化すれば、消費者の関心は面白いように集まります。

さて突然ですが、皆さんは定食屋さんで次のどちらを選びますか。

A「ご飯一膳」――100円

B「ご飯一膳」と「梅干し」――100円

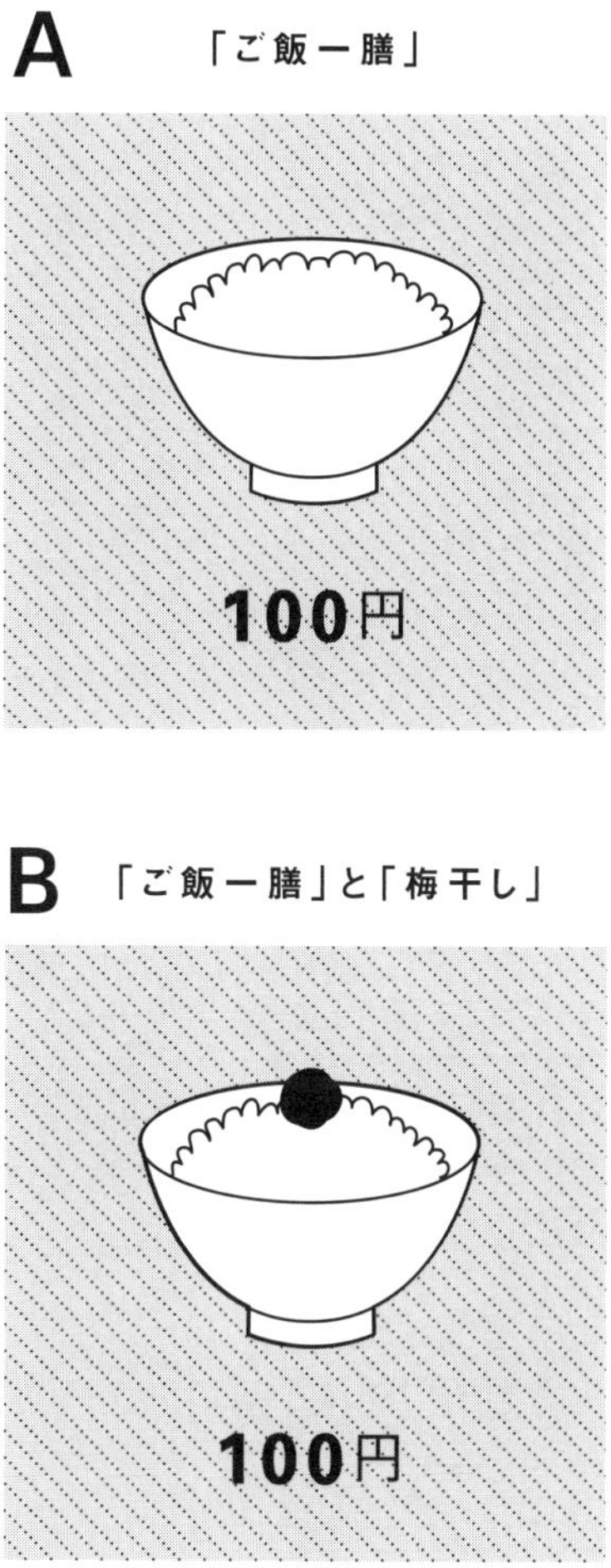

どちらも同じ値段です。梅干しが嫌いな人以外は、Bの梅干しつきを選ぶのではないでしょうか。

ところが、おかずを3つ以上つけると、どうでしょう。多くの人はかなりの確率で、「3つ以上のおかずつき」を選択します。ほぼ100%といっても過言ではありません。

A「ご飯一膳」――100円

B「ご飯一膳」と「梅干し」――100円

C「ご飯一膳」と「梅干し」と「大根おろし」と「みそ汁」――100円

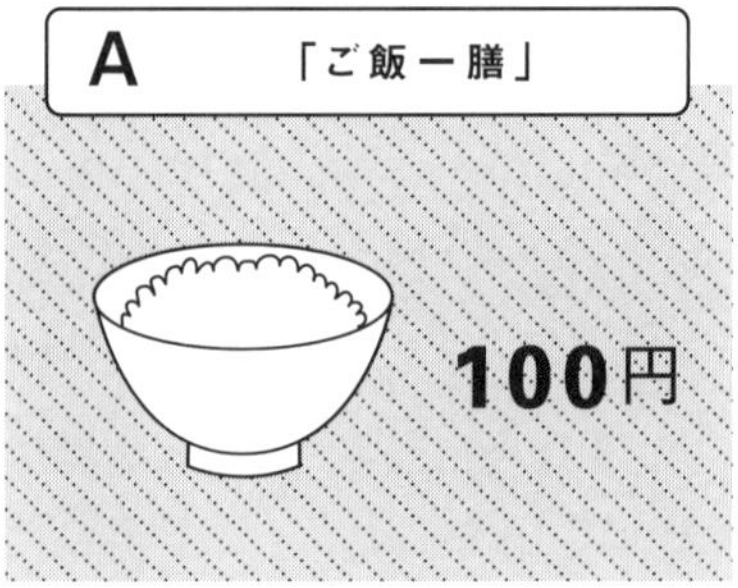

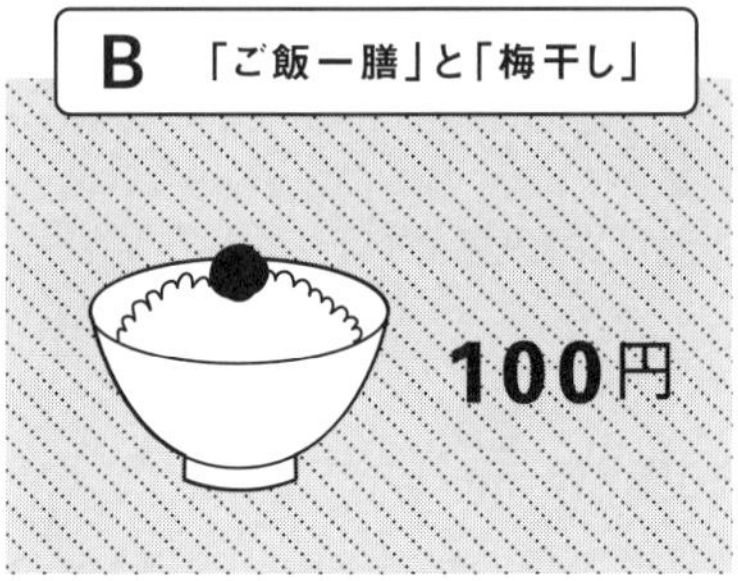

これが、私が若い頃に人生の師に教えてもらった**「おかずの法則」**です。

3つ以上のおかずがついていると、人は必ずそちらを選ぶ。

「え？　これだけ？」という皆さんのけげんな声が聞こえるようです。

ですが、バカにしてはいけません。このアナログに感じられる方法は、消費者にモノやサービスを選んでもらえる可能性が一気に高まるすごい法則なのです。

「おかずの法則」で、自社の商品やサービスにおかずをつけていくと、消費者の関心を集めることができます。そして、ビジネスを独自化することができます。なぜなら、**お客さまは選択動機が多いほうを選ぶ**からです。

たったこれだけの方法で、レッドオーシャンからブルーオーシャンへと立ち位置を変えることができるのです。

お客さまが購買行動を起こすにも、動機が必要です。

それなのに、購買動機を提供していない経営者や個人事業主が多いのです。言ってみればメイン料理にご飯セットを注文しても、「白いご飯」しかつかない定食屋のようなものです。

おかずとは人が行動を起こすときの動機です。

定食のご飯セットにつけるおかずは「冷奴」「納豆」「みそ汁」「漬物」「海苔」などと、それぞれは小鉢かもしれないですが、いろいろ並ぶと楽しくなってきます。人はおかずがたくさんついていると、ウキウキして、脳が「快」の状態になるわけです。

具体的にどのようなおかずをつけたらいいのか、考えてみましょう。

まず最初に最も大切なおかずは**「楽しい」**です。

「楽しい」と脳が「快」になって、人はついつい買うという行動をしてしまうものです。つまり、「お客さまが楽しくなるおかず」をつければ、消費が起こります。テーマパークでたくさんお金を使ってしまうのは、楽しくて脳が「快」になっているからです。

次に有効なおかずは**「便利」**です。

人間とはラクをしたい生き物です。ですから、「便利」は消費の動機のひとつです。「便利」だと感じると脳が「快」になり、消費を起こします。

例えば、買い方が便利になると消費が起こりやすくなります。このことは、インターネット通販の利用が増えていることなどからもわかります。

また、**「安さ」（お得感）**も魅力のあるおかずです。それから購買層によっては**「当たり」「おまけ」**もおかずのひとつです。抽選、おまけ、景品などです。

現代はスピード社会になっていますから、**「時間の短縮」**もおかずのキーワードです。これからは、時間短縮をおかずにする企業が、もっと増えていくでしょう。

さらに、**「空間」**もおかずになります。高級ホテルのサービスなどで人は満足感を得られます。高級感に人はステータスへの欲求が満たされます。

また、モノの**「特別感」**もおかずになります。ステータスのあるブランド商品などには選ばれた人だけが持てるというイメージがあります。これらはすべておかずになります。

女性であれば、**「かわいい」「ステキ」**もおかずです。

「知識」や**「学び」**も消費を促すおかずになります。本や学習塾やお稽古事がこれらにあたります。人は他者に対して優位性を持ちたいので、知識の獲得にお金を使うのです。

究極の魅力とはモノ（商品）、コト（サービス）、売り方のすべてを独自化していくことです。この3つを独自化していくと必ず「あの店は違う！」「あの会社は違う！」と言ってもらえるようになります。

小さなことでも構いません。まずは、あなたのビジネスに新しくつける3つのおかずを探してください。

さらにおかずを増やせば、定食から「お食事セット」「ご膳」「コース料理」になります。ワクワクしたお客さんがどんどんやって来て、買ってくれるようになります。

テレビ通販を見ていると、「本日ご注文の方だけ、これも、これも、これまでも！おまけでつきます！」などと、たくさんのおまけをつけています。お客さんの脳はすっかり「快」になって、「今、買わなければ」と脳が指令を出し、真夜中にもかかわらず注文するという消費行動に出てしまうのです。

おかずで消費者の感情を揺らす。

「おかずの法則」でビジネスを独自化する

事業と照らし合わせて、差別化要因をつくり出してください。

楽しい（お気軽）	時間（短縮・速い・自由）
便利（商品・機能）	空間（自由・癒し・豪華）
便利（買い方）	ステキ・かわいい
安い（お得）	憧れ（高級感）
困っている（弱み）	ステータス（特別感）
当たり（揃える）	サービス・コト（満足感）
儲かる	限定
知識（優位性）	話題性　　など

重要なのは、消費者の感情を揺らすことです。

豪華なおかずでなくても、女将さん手作りの「しそのふりかけ」だとか、「自宅の庭で実った柿」、「手作りのぬか漬け」など、お金をかけないことでもいいのです。逆に、その手間ひまにお客さんは感動してくれます。

お客さんの感情が「オヤ？」と「快」に揺れたところを狙って、「ふむふむ」「なるほど！」を仕掛けていく。この順番を忘れないようにしてください。

圧倒的な魅力をつくる「No.1効果」

希少価値もおかずになります。

「これしかない」「ここしかない」という希少価値に人は「オヤ?」と思うのです。希少価値は脳を「快」にするのです。

希少価値をつくるのに有効なのが「No.1効果」です。

No.1とNo.2とはたったの1番しか違わないと思うかもしれません。しかし、1位と2位の間には信じられないほど、大きな違いがあることを知ってください。

日本で一番高い山は誰もが知っている富士山です。しかし、皆さんは日本で2番目と3番目に高い山をご存じでしょうか。2番目は山梨県南アルプスの北岳《きただけ》で、3番目は奥穂高岳《おくほたかだけ》です。答えられる人はあまりいないでしょう。

オリンピックでも金メダルの選手は大変な人気者になります。多くの人にも記憶されます。しかし、銀メダル、銅メダルの選手はどうでしょう。一気に認知率が落ちてしまいます。世界で2番目と3番目ですから、すごいのです。それでも、一般の人にはあまり覚えてはもらえません。

人間の脳は一番に魅力を感じて、注目するようにできています。ビジネスではそれが購買動機になります。

ですから、経営者の皆さんには、いつもこう申し上げています。

№1商品をつくりましょう。

たったひとつでいいのです。ぶっちぎりに№1のモノやサービスがあれば、お客さんの脳に「あの店＝あの商品（サービス・売り方）」という構図ができあがります。そして、ビジネスが独自化します。

平均よりも少しだけいいモノやサービスというのでは、印象が薄くて独自化はできません。ぶっちぎりにすごいモノやサービスをつくるのです。そのひとつが売れれば、他のモノやサービスも売れていきます。

居酒屋を例に挙げてみましょう。多くの居酒屋経営者は「すべての料理をおいしくしたい」と考えがちです。しかし、これではなかなかうまくいかないでしょう。

お客さんがあっと驚くような料理やサービスをつくることを考えてみてください。他の店にはない料理やサービスをつくるのです。するとその一品に引き寄せられて来客数が増えます。そして繁盛店になっていきます。

「そこそこおいしい」ということでは、他店と差別化できません。印象に残らなければ、店選びの候補にさえあがりません。

「オヤ?」と思ってもらうのに、効果を発揮するのが、「No.1効果」です。まずは一品でいいのです。「オヤ?」と驚くような一品を作ってください。

しかしこのようにお話ししても、No.1のモノやサービスをつくったり、No.1の立ち位置を目指す人は意外と少ないものです。

そこには理由があります。それは多くの人に「No.1は競い合った結果としてなるものだ」という思い込みがあるからです。

ですがそれは違います。

競い合ってNo.1になるのではなく、No.1をつくり出せばいいのです。ターゲットを絞り込んで価値をつけたり、地域を絞り込んでNo.1になることを考えてみてください。

・東京都内で一番値段が高い高級コーヒー
・名古屋市内で一番大きい驚きのステーキ
・税理士に一番使われている不思議な電卓
・東大生に圧倒的に支持されている魔法のノート
・高齢の人たちだけで経営している安心できる究極のバー
・当店での売上No.1商品

あるいは誰もやっていないモノやサービスをつくれば、それはすなわちNo.1です。
いまあなたのビジネスにNo.1がないならば、絶対につくるべきです。
そしてそれを大々的にアピールしてください。

他人にマネされないすごい「おかず」をつくる

人工知能が登場する前までは、「おかずの法則」を行えば、かなりの高いレベルで、ビジネスの独自化ができていました。

しかし、人工知能の登場で、少し着眼点を変える必要が出てきています。

情報伝達スピードが瞬速になっている現在では、「オヤ?」という「おかず」をつけて初めは独自化できても、一瞬でマネされてしまう可能性が高くなっているのです。

つまり、短期間で独自化が失われてしまう可能性がある、ということです。

誰かに奪われない「おかず」をつけるにはどうしたらよいのか――。その答えが**「前提条件の法則」**です。

「おかずの法則」に「脳の法則」から導き出した「新しいおかず」を掛け合わせて**「超**

おかずの法則」に仕上げていくのです。

新しい「オヤ？」を考えるとき、これまでの価値観を捨て「感覚破壊」を起こしましょう、とお伝えしました。マネされないすごいおかずをつくるにも、「感覚破壊」をすることです。

人にマネされないすごい「おかず」は「感覚破壊」でつくる。

たとえば、このような前提条件があります。

結婚＝夫婦関係を結ぶこと。
夫婦＝結婚している一組の男女。

ですが、最近では、このような前提条件は壊れてきています。男同士、女同士のカップルの結婚もあります。また、私が思うには、結婚制度それ自体が消滅するのではないかとさえ思えます。

世の中の常識だと思われている物事に対する視点を変えて、前提条件を壊してみる思考法はたくさんあります。

しかし、どこからどう視点を変えて考えればいいのか、迷ってしまう人が多いのです。

そこで、私は経営者の皆さんに**「3つの見地《けんち》」**という思考法を推奨しています。見地とは、観察や論断する際の立場や観点のことを言います。

3つの見地

①生物学的見地——生命現象
②人間学的見地——人間とは何か
③道徳学的見地——道徳と倫理

世の中の常識と思われていることや物事の前提条件をこの「3つの見地」から眺めてみてください。

①の生物学的見地とは、生物としての基準で物事をとらえて考えることです。人工知能の登場でも変わりません。

②の人間学的見地は時代によって変わる見方です。国によって子どものしつけ方も異なります。このように、組織や集団によって異なる物事の捉え方を言います。

③の道徳学的見地とは道徳観に基づく規範から物事をとらえて考えることです。個人の善悪は道徳観や文化によって変わります。

今のビジネスをこれら3つの見地で見直してみると、これまでとは異なる、「おかず」が生まれます。

その新しい「おかず」を今までの「おかず」に組み合わせて考えてみるのです。すると、圧倒的な独自化商品やサービスがつくれます。

例えば、学習塾で考えてみましょう。

記憶学習や正しい論理を導く学習は大脳新皮質的な勉強ですから、AI教師に人間の先生がとって代わられるかもしれません。そこで戦っていては、人間の先生は失業してしまうでしょう。

しかし、道徳学習となるとどうでしょう。ご先祖さまに感謝したり、祖父母を大切にしたりということはＡＩ教師は教えることができないでしょう。

ＡＩ教師でも、「先祖を大切にしましょう」と言うことはできるかもしれません。けれども、ただ正解としての言葉があるだけで、そこに「心」は備わっていないはずです。

私たち人間は、両親、祖父母、曾祖父母……、祖先に思いをいたすとき、「心が震えるような」感謝の気持ちを持つことができます。

この感謝の気持ちが大きな成功には絶対に必要です。しかし、ＡＩは先祖からの伝承伝達を知りません。心を伝えることができないのです。

ＡＩにとって、老いた人間とは「生産性が低い」ということでしかないかもしれません。しかし、人間の脳で考えるとき、老人はとてもありがたい存在です。

運動学習も同様です。その子が肉体的にどの種目に最も合っているか、ＡＩはそれを導くことはできるかもしれません。

しかし、どの競技が一番好きか、どの競技が一番楽しいか、チーム力を高める心の絆の結び方……など、人間だからこそわかる非合理的な事柄が運動学習にはたくさんあるのです。

3つの見地の分析

1 あなたのビジネスで
アイデアを出す3つの見地の分析をしてください。

生物学的見地	
人間学的見地	
道徳学的見地	

2 あなたがこれから取り入れて行うことを書いてください。

これからは、国内の一流大学だけでなく、海外の一流大学に進学したい子どもたちも増えるでしょう。

その一方で、子どもは一流の学校に行かなくてもいい。「自然が素晴らしい山や川のある地方で伸び伸びと子育てしたい」というような価値観を持った親たちも増えるはずです。

これからの時代の人間は、二極化していきます。ですから、道徳学習や運動能力学習に特化した学習塾を作れば、独自化を図ることができるでしょう。商号を変えるなどして、その双方を経営してもいいわけです。

対比から商品やサービスを考えてみましょう。

グローバルとローカルの対比から考えてみることもできます。

・グローバル ―― 国境を超えて世界的な規模である。
・ローカル ―― 地方、地域など限定的である。

グローバル経済、グローバルな視点というように、国家間の障壁を取り除いた世界規模の考え方がある一方で、地方の魅力が見直されているのが昨今の傾向です。大都市にも地方にもそれぞれの魅力があります。そのどちらをターゲットにするのかという視点でも、商品開発が可能です。

また同じ商品やサービスを、ブランド名などを変えて、国内向けと海外向けの双方に開発販売することもできます。

このように、「今ある商品やサービスをどう売るか」という一方思考にならずに、いろいろな角度から眺めまわしてみると、新しいアイデアがつくれます。

合理性では人工知能に勝つことはできません。しかし、非合理性では人工知能は人間に勝つことができないのです。

合理性の追求と非合理性の追求を同時に行うところに、高いレベルの独自化がある。

このことを、常に念頭に置いてください。

お客さまを喜ばせれば喜ばせるほど儲かる

さて、究極の「おかず」とは、みなさん何だと思いますか?

今の時代の究極のおかずは、モノではありません。コトや売り方、つまり喜びや感動などの目には見えない感情から生まれるものです。

大きく成功している企業や商店は、「売ろうとする」よりも、「喜んでいただく」努力をしています。意識的か無意識的かは別として、徹底的にお客さまを喜ばせようとしています。

顧客満足を高めるというようなマーケティングを超えてお客さまを魂の底から喜ばせる、これが大きく成功する経営者のセオリーです。

私が申し上げているのは、「いい人になりましょう」というような道徳的な意味ではありません。

お客さまを本気で喜ばせる。

これが、これからの時代に消費者を動かす「脳の法則」です。

重要なのは、お客さまを喜ばせたいと本気で思えるかどうか、ということです。

「たくさん儲けて自分が喜びたい」と思う人は多いでしょう。しかし、「お客さまに喜んでもらいたい」を本心から思っている人は結構少ないのです。「思わなければいけない」というのと、「思う」ということは違います。脳の機能から申し上げると、「他人の脳はだませても自分の脳はだませない」のです。

他人を喜ばせたい――こう思えるのはひとつの能力です。しかも、大きく儲けるために一番必要な能力です。私はこれを**「他喜力《たきりょく》」**と名づけました。

- **お客さまを喜ばせようとする他喜力が、お客さまを集める。**
- **お客さまを喜ばせようとする他喜力が、ヒット商品を生み出す。**

「売りたい」というモチベーションは、金銭の獲得を目的としています。「喜ばせたい」というモチベーションは、相手の心の満足や幸福を目的としています。

ですから、他喜力があるかないかで、人の心理や脳の「快」「不快」に対する想像力、洞察力、察知力、共感力、アイデアの生み出し方、宣伝方法、商品の発送の仕方、話し方、笑顔までもが、まるで違ってくるのです。

売上とは単価×数量だとお話ししました。しかし同時に、次の方程式も成り立ちます。

売上＝単価×数量＝「ありがとう」の数

消費者の脳を「快」にする――。さまざまな仕掛けやテクニックも、マーケティング戦略や商品開発も、脳のレベルで考えれば、いずれも消費者の脳を「快」にすることを目的としています。商売とは、ビジネスとは、消費者の脳をいかに「快」にするかの真剣勝負です。

ビジネスを「お客さまと恋愛している」と考えてみてください。

儲かっている店や会社は、お客さまに惚れて惚れて惚れまくり、ありとあらゆる手法を駆使して相手に好きになってもらおうと努力を重ねています。その結果、繁盛しているのです。

私なりに「儲ける」ということを言い表せば、次のようになります。

- **「儲かって儲かって仕方ない人」とは、人をたくさん喜ばせた人たちである。**
- **「儲からない人」とは、あまり人を喜ばせられなかった人たちである。**

感動や喜び、驚き、情愛あふれる温かさなどを提供できるのが人間です。それを考えられるのが、人間の脳です。

お客さまを喜ばせたいというわきあがるような感情を、ＡＩやロボットは持っていないはずです。お客さまの感情を大きく動かすことができるのが、人間の力なのです。

人を喜ばせることが習慣化していない人は「人を喜ばせるよりも、喜ばせてほしい」と思ってしまいます。

しかし、実際に人に喜んでもらう体験をすれば、これほど楽しくうれしいことはないという事実に気づきます。喜んでいただけることが「快」となり、その「快」が得たくて喜ばせ中毒になる人たちも多いのです。喜ばせたくて仕方ないわけですから、ワクワクする新しいアイデアが次々とわいてきます。すると結果的に、繁盛してしまうのです。

これからは他喜力が市場の前提条件になります。誰を喜ばせたいかを感じることで、ビジネスがひろがっていきます。

もし、他喜力を使うことを「損している」と思うようならば、お客さまに「貯蓄している」と考えてみてください。与えた喜びはいずれ利息がついて戻ってくる大切な資産なのです。

あなたは仕事でお客さまをどう喜ばせたいですか?

この答えこそ、究極のおかずになるのです。

勝ち組はお客さまを喜ばせている！

「他喜力」を使ってビジネスをする

↓

お客さまを喜ばせると自分がうれしくなる

↓

扁桃核は「快」

↓

もっとお客さまを喜ばせたくなる

↓

ますますビジネスがひろがる

point

- ●新しいアイデアが次々と浮かんで仕事が楽しくなる。
- ●お客さまの期待を超えたサービスができるようになる。
- ●面白いように繁盛してしまう。

"Brain's law" to
move customers

感動はテクニックも戦略も超える

「皆さんは、魂レベルでお客さまを喜ばせていますか」

私は経営者の勉強会で、いつもこのように申し上げています。なぜなら、消費者を動かす究極の「脳の法則」とは、魂の領域まで消費者を揺さぶることだからです。

涙が出るほどうれしい。

一生忘れられないくらい感動した。

お客さまがこのように思ってくれるとき、魂の底から喜んでくれています。損得勘定や、ちょっといいことがあったというレベルではありません。

魂というと、霊的なもののように感じる方がいるかもしれません。しかし、そうではありません。私が申し上げる魂とは、霊的な話でも宗教でもなく、脳の機能の話なのです。

ここで改めて脳の構造についてお話ししますと、脳は次のような三層になっています。

1　脳幹＝反射脳
2　大脳辺縁系＝感情脳
3　大脳新皮質＝知性脳

この各層がそれぞれ独自の機能を果たしています。

1の「脳幹（反射脳）」は脊髄の上にある小さな脳ですが、この部分が命の維持や本能を司っています。

2の「大脳辺縁系（感情脳）」は、喜怒哀楽などの感情を司る働きをしています。その中に「扁桃核」があって、ここで「快・不快」の感情を瞬時に判断しています。

3の「大脳新皮質（知性脳）」は、脳の表面に最も近い層にあります。五感（聴覚・視覚・嗅覚・触覚・味覚）の情報は、この大脳新皮質で分析・判断されます。またデータとして記憶され、それをもとに目の前の状況に対して、最も効果的な行動を取らせることが主な働きです。

さらに、大脳新皮質には左右の真ん中に1本の深い溝があり、左脳（分析し、判断することが得意な理屈脳）と、右脳（イメージ処理を得意とする直感脳）に分かれています。これらは連動して働いています。

そして私は、深い部分まで心を司るのは脳幹と大脳基底核だとにらんでいます。

大脳基底核は大脳皮質と視床、脳幹を結びつけている神経核の集まりで、運動調節、認知機能、感情、動機づけや学習などの機能を担い、さらに、いつ、どこで覚えたかわからない記憶データを蓄えています。

この脳幹と大脳基底核という「奥の脳」に、宇宙のように広く深い膨大な記憶があると考えているのです。この広く深い神秘の記憶こそが「魂」と言われてきたものだと思えてならないのです。

脳は３層構造になっている

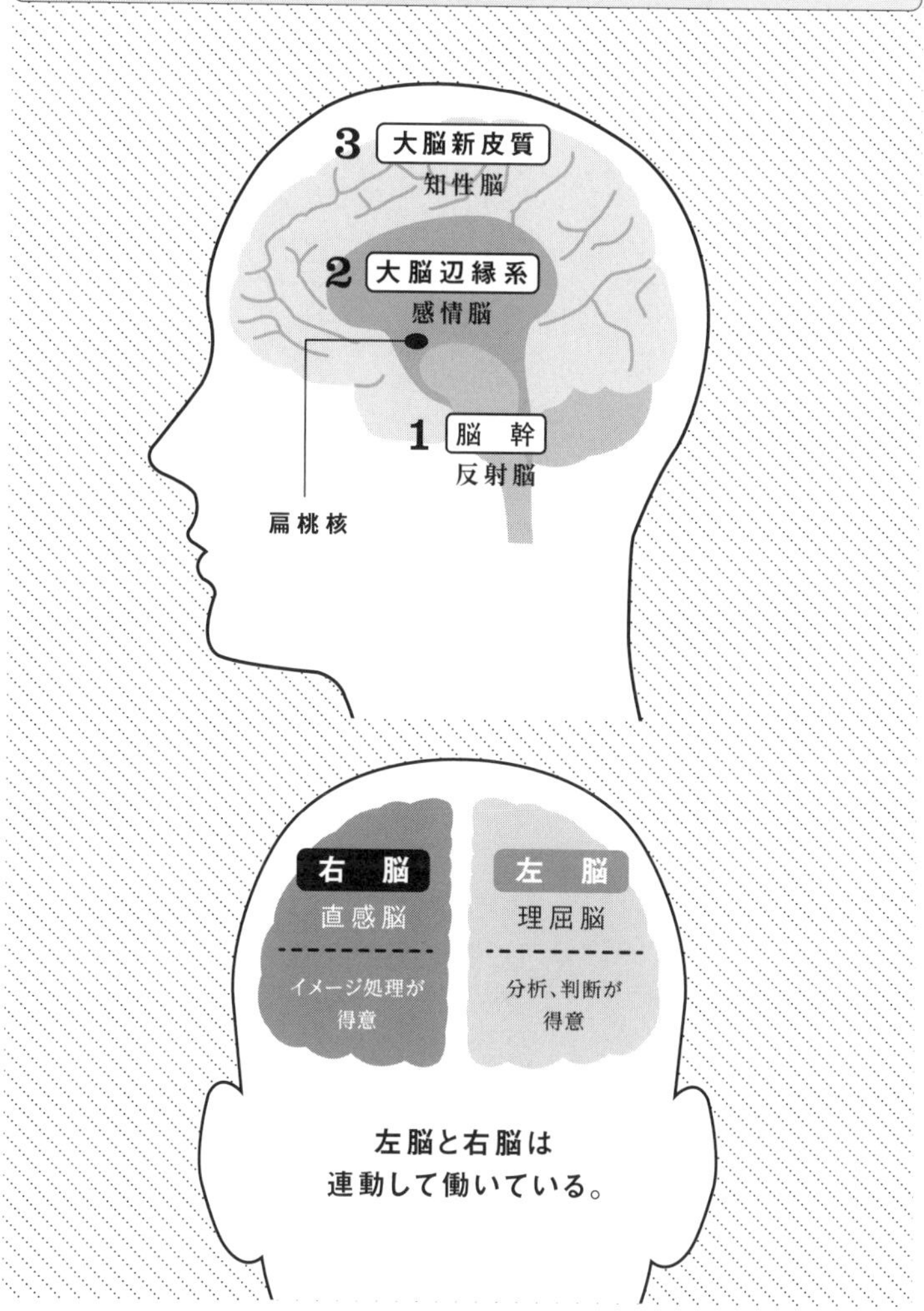

じつは、ビジネスの「喜び」のレベルも脳の3層構造と連動したピラミッド型の3段階構造になっているということです。

一番下が「知恵の領域」で、安いから買うというような知性脳で行う分析レベルです。2番目が「心の領域」で、「あの店員さんから買いたい」というような心が動くレベルで、感情脳が行っています。そして、頂上の小さな三角形部分が「魂の領域」です。

顧客満足度を高めることは、多くの人たちはあたり前に行っていると思いますが、重要なのはそのレベルです。ちょっとおかずをつけたくらいのレベルでは、魂の底からお客さんは喜んではくれません。安ければいいというのは、損得の理屈で喜ぶレベルに過ぎないのです。

人の心や感情は動きます。損得感情よりも、「この人から買いたい」という感情のほうがまさるのです。

お客さまに心からの「ありがとう」を言っていただくためには、魂の領域でお客さまに喜んでいただくことが重要です。魂の領域まで揺さぶることが必要なのです。

喜びのピラミッド

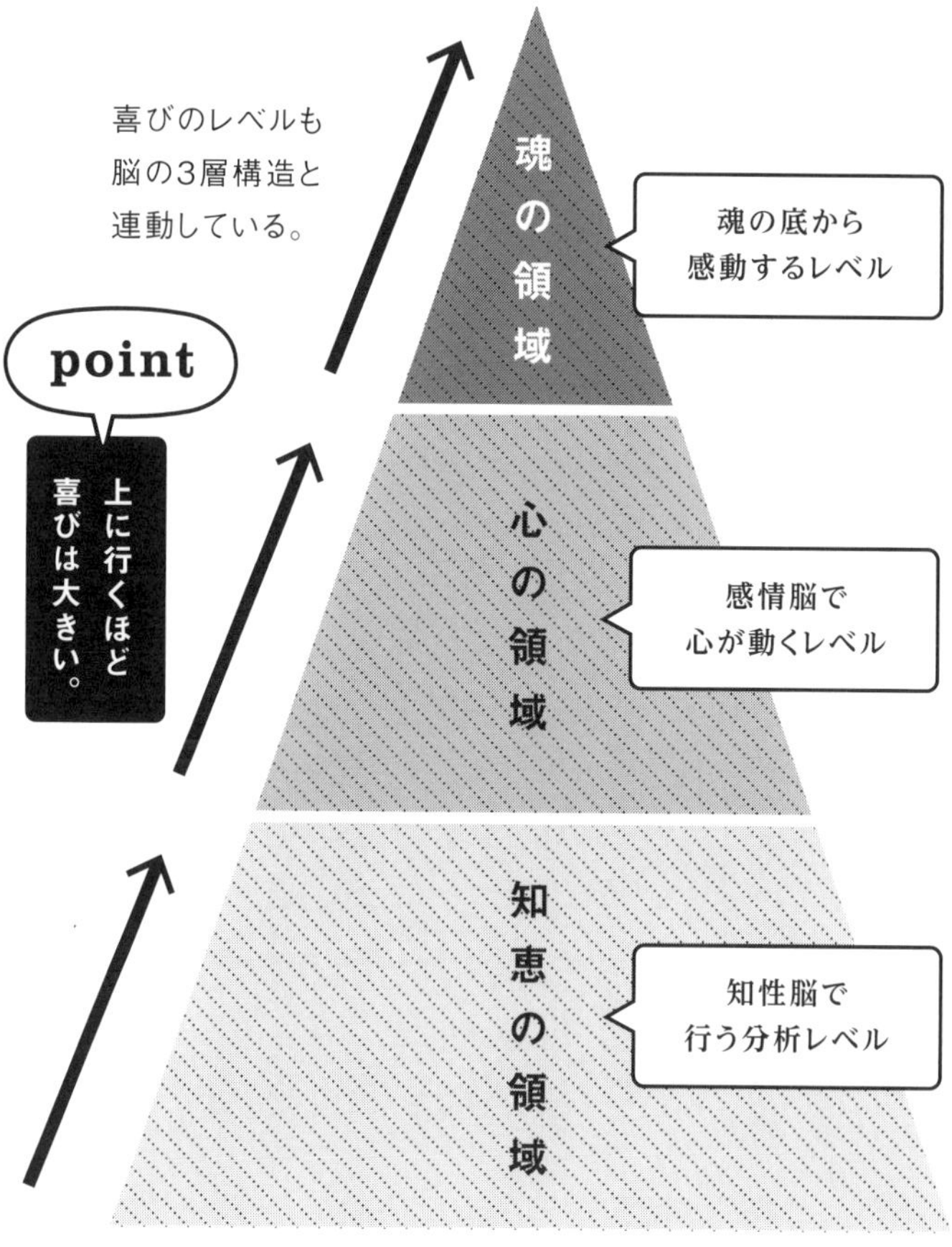
喜びのレベルも
脳の3層構造と
連動している。
point
上に行くほど
喜びは大きい。
魂の領域
魂の底から
感動するレベル
心の領域
感情脳で
心が動くレベル
知恵の領域
知性脳で
行う分析レベル

私が見るところ、多くのビジネスは「損得の領域」で行われています。どれだけのコストを投入して、どれだけの利益を得るか。損か得か、安いか高いかだけを考えているように見えるのです。そのとき使っているのは理屈の脳です。感情を動かす必要はありませんから、愛も心も魂も感動もありません。

合理的に利益を追求すれば、大きく儲けることができると思うでしょう。

しかし損得だけでは、消費者の感情も魂も揺さぶられません。ですから、消費者が買いたくて買いたくて仕方がなくなるほどのすごいビジネスモデルをつくることはできないのです。

「心の領域」でビジネスをしている人たちも、たくさんいます。「損得の領域」のビジネスにワクワクするようなおかずが少しついている状態です。ほどほどのバランスがとれていますから、ぼちぼちうまくいっていることでしょう。

これはこれでいいのですが、ダントツになるには「ちょっとワクワクする」程度では弱いのです。消費者の脳が「買いたくて買いたくて仕方がない」モノやサービスにはなりません。

一番上の「魂の領域」に入ると、一気にステージが変わります。

このステージでビジネスをしている人たちは、「どうすればお客さまに喜んでもらえるか」「どうすればお客さまが感動してくれるか」に、本気で取り組んでいます。

お客さまを喜ばすことに本気で取り組んでいる人ほど、感謝を知り、謙虚さがあります。その感謝は、自分を支えてくれる部下に対しても、仕事仲間に対しても、両親や家族に対しても、奥さんやパートナーに対しても、また神仏の守護のおかげと感謝している人も多いのです。

自分の限界を認め、他人に感謝すると、経営者としての器というものは一気に大きくなります。なぜなら、感謝の心が生まれると、仕事に対して使命感を抱くようになるからです。これが最も強力な心のエネルギーになります。

それはビジネスにも反映します。経営者の理念は組織全体、商品やサービスにも浸透していきます。そして、ビジネスが独自化していくのです。

お客さまを喜ばせたいと本気で取り組む人が、真の経営者、事業主になっていく理由がここにあります。

消費を動かし大きく儲けたいと思うのならば、損得を優先するよりも消費者の魂の領域まで揺さぶる戦術戦略を考えて実行してみてください。

すると、ひとり勝ちするつもりがなくても、面白いようにひとり勝ちできてしまう、ということが起きるのです。

人工知能は魂の領域で人を喜ばせることはできません。人間だけができるすごい能力だということを、ぜひ忘れないでください。

PART

4

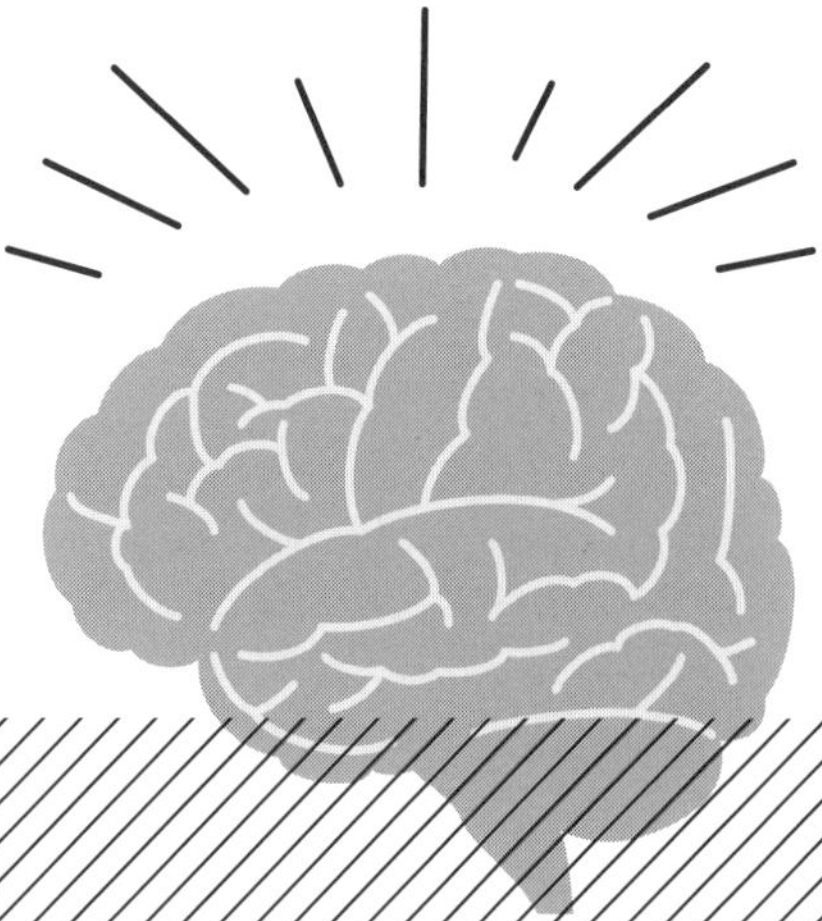

お客さまを離さない！「ジョウゴの法則」

お客さまを虜にする「脳の法則」

"Brain's law" to
move customers

お客さまを囲い込む「ジョウゴの法則」

突然ですが、皆さんは、ジョウゴをご存じですか。酒、しょうゆ、油などを大きな瓶から小さな瓶に移し替える時などに使う朝顔の花のような器具のことです。

例えば、飲食店などでしょうゆを樽から瓶に移し替える際、瓶の口が小さいとこぼれてしまって大変です。しかし、ジョウゴを使えば液体をこぼすことなく、容器から別の容器に流し入れることができます。

儲かっている会社や経営者は、お客さまの囲い込みを行っています。囲い込みを仕組みにできれば、爆発的に儲けることができます。

私が、経営者の皆さんにお伝えしている**囲い込みの仕掛けを「ジョウゴの法則」と言います。**

ジョウゴで液体を大きな瓶から小さな瓶に流し込むようにして、お客さまを大きな市場から自社のビジネスに誘導して囲い込みを行い、リピーターになってもらうのです。

「ジョウゴの法則」は次のように行います。

①「撒き餌商品」を考える。

撒き餌とは、鳥や魚、獣を誘い寄せるためにエサを撒くことです。人を誘い寄せるためには、まず、「オヤ?」からつくります。誰でも入りやすいような設計を施して人々を誘い寄せるのです。

②「撒き餌」を撒く。

お客さんを呼び寄せる撒き餌となる商品やサービスを撒きます。

インターネット、広告、CM、チラシ、フリーペーパー、展示会、口コミなど、さまざまな方法を用いて広い範囲に告知します。お客さまを集めるための動線を張ります。

③「リピート商品」を販売する。

「撒き餌」で集まったお客さまに対して、リピート商品やサービスでフォローを行います。コミュニケーション量を増やして、信頼関係をつくっていきます。

④信頼関係ができたところで「本命商品」を勧める。

本命商品とは、本当に売りたい収益の得られる商品です。

「撒き餌」は顧客誘導が目的ですから、利益ゼロやコスト割れでも構いません。それどころか、「安い」「おまけ」よりもっとお客さまの脳が「快」になるのは「無料」です。本命商品で儲かるなら、撒き餌商品は無料でいい。私はいつもこのようにお伝えしています。

割引券ではお客さんに「オヤ？」と思ってもらえないかもしれません。しかし、無料なら、**「お得の法則」**どおり脳が「快」になります。「オヤ？　タダなら試してみようかな」という気になってもらえる確率が高まります。

ジョウゴの法則

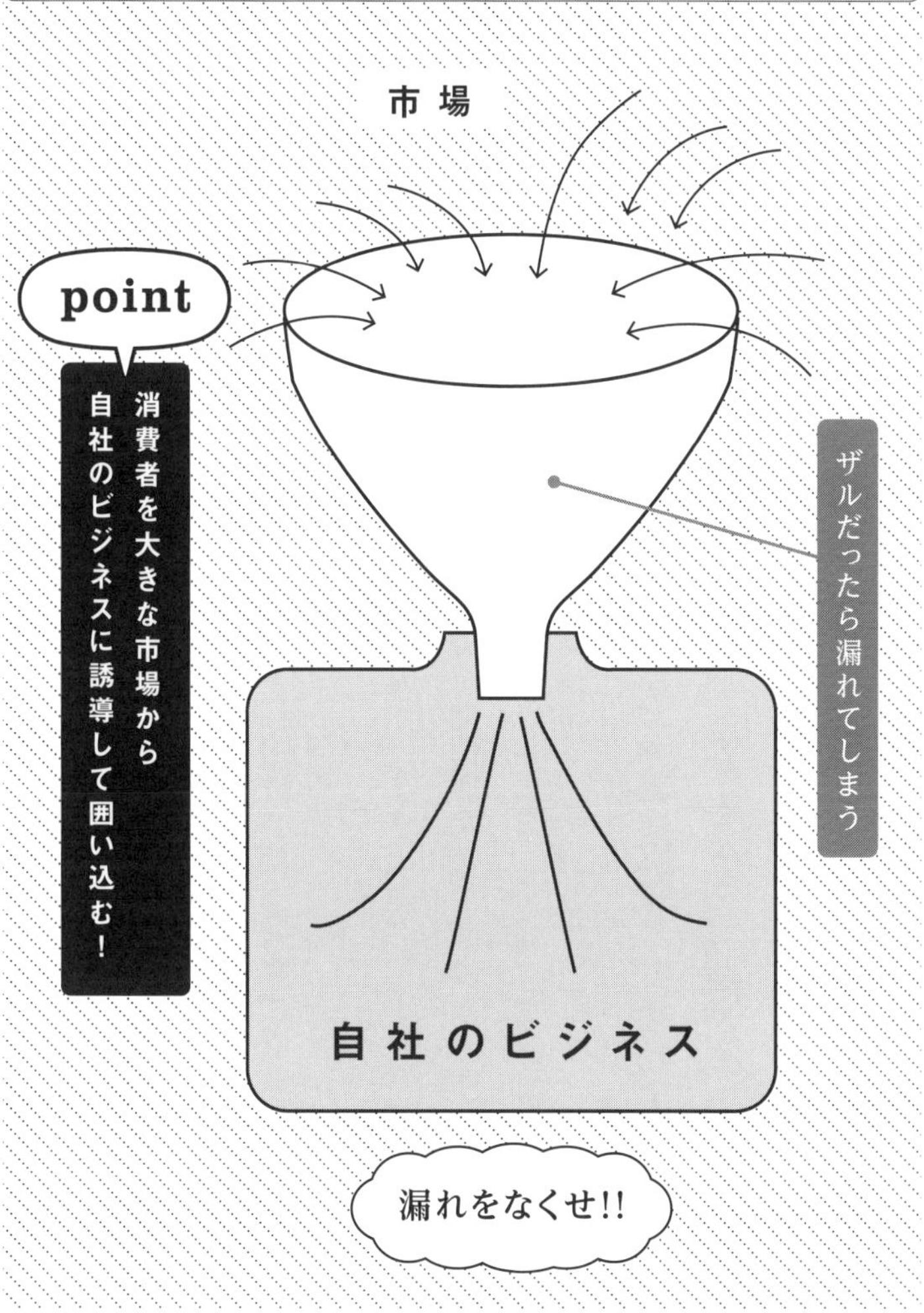
市場
point
消費者を大きな市場から
自社のビジネスに誘導して囲い込む！
ザルだったら漏れてしまう
自社のビジネス
漏れをなくせ!!

最近では世の中に無料のものが増えました。音楽や映像、電子書籍の試し読み、イラスト、写真などもたくさんあります。食品や日用品のサンプル品や、食品売り場での試食品、スポーツクラブの無料体験や化粧品売り場でのメークアップサービスなどもあります。

電子書籍の試し読みで1巻をタダで読んで、面白ければ、続きが読みたくなります。2巻以降は有料です。

「初めての方限定！」という宣伝文句もよく見かけます。あれは「ジョウゴの法則」を作っている例です。初めて購入する人には、期間限定でプレゼントがあったり、初めて体験する人は通常より割安でサービスを受けられるようなジョウゴをつくっている例もよく見かけます。

卵1パック100円とか、もやし1袋10円などで激安販売しているスーパーがあります。また、開店記念と称して、トイレットペーパーなどの日用品を先着人数を限定して配布している店があります。これはまさに「撒き餌商品」の典型です。「限定」×「無料」で、消費者の脳を「快」にしているのです。

ソフトバンクグループ社長の孫正義《そんまさよし》氏は、「お客さまが欲しくなる法則」を子どもの頃から、理解していたと感じるエピソードがあります。

正義氏は、その原点に父・孫三憲《みつのり》氏の名を挙げています。三憲氏の半生が苦難の連続だったことは広く知られていますが、息子の才能に気づき始めた頃の話がインタビュー記事の中で紹介されていました。

――正義が小学生の頃の話だ。

三憲が喫茶店を開こうとしたが、どうも客足が悪そうだ。試しに正義にアイデアを聞いたところ「コーヒーをタダにしたらええ」と答えた。実際に無料券を配ると店は満席になった。

それから半世紀後の２００１年９月、ソフトバンクは電話回線を使ったブロードバンド通信「ヤフーＢＢ」を始めた。赤いユニホームの営業員が通信モデムを無料で配るゲリラ作戦が話題となったが、三憲は喫茶店の逸話を挙げて「あれは正義のおはこったい」と誇らしげだ。

（「孫正義が見せた涙」『日経産業新聞』２０１７年11月９日）

このように、「ジョウゴの法則」とは、格安で販売したり無料で配ってお客さまを集めて、本命商品で儲けるという仕掛けです。

撒き餌を撒いてお客さんが来てくれたら、リピートしたくなる商品を提供します。使用頻度が高く、消費スピードが速いようなものが適しています。短期間で繰り返し注文してもらえると、接触回数が増えるからです。接触回数を増やして信頼関係ができたところで、本命商品を勧めるのです。

ただし、注意するポイントがあります。

世の中には疑いたくなるような煽《あお》り文句がまん延しています。とくに、インターネット上で目立ちます。

提供するものが、紹介と違わない良質なモノやサービスであれば問題ありませんが、ニセモノであったり内容が伴わない場合は、「ジョウゴの法則」にはなりません。なぜなら、ダマされたと思ってお客さまは不快になり、逃げ出してしまうからです。

それでは消費者との信頼関係を築くどころか、逆効果です。つまり、本命商品も買ってもらえませんから、継続的な利益もつくれないのです。

ジョウゴをつくる

認知方法を考える

例：チラシ、インターネット、フリーペーパー、展示会など。

▼

認　知

▼

撒き餌商品を売る

おまけ、プレゼント、低額商品、サービス、
卵1パック100円、電子書籍の試し読み、
無料体験、無料セミナー、現地見学会など。

▼

リピート商品を売る

毎月格安で季節の花を届けるサービス、
定期開催の料理教室や趣味の会など。

▼

本命商品を売る

最終的に売りたい商品やサービス、
クラブ会員、定期購入、有料契約、
高級エステ、高級リゾート販売など。

point

**撒き餌商品で「オヤ？」をつくり、
リピート商品でコミュニケーション量をつくり、本命商品に導く。**

"Brain's law" to
move customers

固定客をつくる「1対3対5の理論」

「ジョウゴの法則」では信頼関係づくりが欠かせません。信頼関係ができたタイミングで、「本命商品」を勧めるわけです。

お客さまとの信頼関係を構築するにはどうしたらよいのか。「脳の法則」でお話ししていきましょう。

他人に対する親しみや信頼感は、脳にとって「快」です。親しみや信頼感のある人に、人は心の窓を開けるのです。窓から顔を出して、「ふむふむ」と話を聞いてくれます。

親しみや信頼感の持てない人に対しては、人は心の窓を閉ざしています。

恋愛関係で考えてみましょう。女性との初対面を考えてみてください。この段階でいきなり女性に告白しても、警戒されてしまいます。

そこで、次のようなステップを踏みます。まずは喫茶店などに誘い、楽しくお話しします。女性に安心してもらって接触回数を増やしていきます。少し、信用されてきたところで、食事や居酒屋などに誘い、距離感を縮めていきます。信頼感が高まったところで初めて、親密になれるのです。そして、不思議と結ばれるのです（笑）。

人との接触回数（コミュニケーション量）に比例して、親しみや信頼感は増えていきます。とくに3回目と5回目がポイントです。親しみや信頼感はそこでグッと高まります。

これを**「1対3対5の理論」**と言います。

この「1対3対5の理論」は私の独自理論です。コミュニケーションの量をどれくらい増やしたら人の心の窓が開きその距離が縮まるのか。長年にわたり研究を重ねて編み出した結果、この理論にたどり着きました。1970年代からスポーツを中心にメンタルトレーニングの研究を重ね、大脳生理学と心理学を利用して脳の機能にアプローチするノウハウ「スーパーブレイントレーニングシステム（SBT理論）」を構築しましたが、この理論にも基づいています。

1回会ったことがあるだけでは、人との距離はあまり縮まりません。たとえ初めての来店で商品を買ってくれたとしても、お客さまは店や販売員をまだ「信用している」わけではありません。

しかし同一営業マン、同一店舗からの購入が2回目になれば、1回目よりも心の距離は確実に近くなっています。しかしまだ、情は薄い状態です。

3回目になると、お客さまの脳は安心してリラックスしてきます。つまり、うたぐりが脳から消去されて「信用」し始めるのです。同一店舗から3回買うとお客さまの潜在意識は、その店のことを「いい店だ」と勝手に判断します。

接触回数に比例して、お客さまの信頼感は大きくなる。

お客さまの心に信頼感が芽生えるのは、5回目前後です。これは、リアル店舗でもインターネット経由の通信販売や、ネット決済でも同じです。

同一店舗や同一営業マンから5回反復して買い物をすると、お客さまの潜在意識は、

「ここ以上にいい店はない」と思い込みます。つまり、他店との比較をやめて信者客になります。

同一店舗、同一営業マンから5回買うと信者客になる。

居酒屋の客が、初来店から常連客になるまでの流れを見ていきましょう。

初めての居酒屋を選ぶときは、通りすがりだったり、口コミだったり、割引券をもらったりと動機はさまざまかと思います。言ってみれば様子見です。

もし、その店が気に入れば、「ふむふむ、なかなかいいね」「なるほど、料理もおいしい」と思って、何度か通う**リピート客**になっていきます。

3回目くらいの来店になると、店主やスタッフとも顔見知りになってきます。「いらっしゃい、今日もお仕事帰りですか」「いつもありがとうございます」などと、お客さんに声を掛けるようになります。

ですから店は、初来店客が3回来てくれるような仕組みをつくっておきます。

ここで、店側はコミュニケーションの量を3倍にするように心がけます。コミュニケーション量を増やすことで、次の来店へとつなげます。

5回来店すれば、もうおなじみさんになっています。客はお店のことを疑うことはないでしょう。店主にも好みを覚えてもらえて、「いつものですか?」などと言われるようになります。そう言われると、なぜか自分が認められている感じがします。もう、その店は安心できる場所になっています。

それだけではなく、「そろそろ顔を出さないと心配しちゃうかな」などと、勝手に考えてしまう常連になっていきます。常連客とはすなわち、**固定客**です。

それで、空腹でもないのに、店に足が向いてしまうのです。そこには、「この店と仲良くしたい」「この人たちによく思われたい」という**信者客**特有の心理がもう生まれています。

固定客ができない居酒屋は、常に新規客を開拓する必要に追われてしまいます。それではいつまでたっても忙しいばかりで売上は伸びていかないでしょう。

皆さんは**「1対5の法則」**と**「5対25の法則」**をご存じでしょうか。

「1対5の法則」とは、新規顧客の獲得や新規顧客に販売するコストは既存顧客獲得や既存顧客に販売するコストの5倍かかるという法則です。

「5対25の法則」とは顧客離れを5％改善していけば、利益は最低でも25％改善されるという法則です。

この法則が示すように、いかに**既存顧客が大切か**ということを認識していただきたいのです。

「もうあなたから離れられない」「もうあなたなしでは生きていけない」「あなたを信じてついていきます」「あなたが言うなら仕方がない」……。

消費者に魂のレベルで満足していただいた人がこれからのビジネスでは勝者になります。消費者が離れてしまわないために、常に新しい感動を提供することが大切です。

また、**「10対3の法則」**というものもあります。これは、「満足してくれたお客さまはせいぜい3人くらいにしか言わない」「不満のあるお客さまは『ねぇねぇちょっと聞いてよ』と10人に言う」という、人間の特性を示した言葉です。いいことよりも悪いことのほうを、人は口にしたがるものです。注意しましょう。

さて、少し話がそれましたが、先述の居酒屋の話に戻りましょう。

常連客になると、大切な友人や知人を連れてきてくれたり、周りに紹介してくれたりします。

店側は、常連さんが紹介したくなるような仕組みをつくります。

例えば、3人以上で使えるサービス券とか、季節の限定料理を提供するなど、常連さんが誰か友人や知人を誘いたくなるような仕掛けをします。アットホームな店なら、店主催のパーティーや「初物を食べる会」、何かのイベントと飲食がセットになった企画なども考えられます。

「1対3対5の理論」をわかりやすく言えば、1回を3回に増やし、3回を5回に増やせということです。

「1対3対5の理論」の実践で、まず目指さなくてはいけないのは「もう1回」です。売れても売れなくても、初めて来店したお客さんに3回来てもらう仕組みをつくります。3回来てくれたお客さんに5回来てもらう仕組みをつくっておくことです。イヤでもお客さまが来てくれるように、用意しておくのです。そのためにも「おかずの法則」を上手に活用してください。

人間の脳は、コミュニケーション量が多いとそれが正しいと思ってしまうという「脳の法則」を常に念頭に置くようにしてください。

5回来てくれたお客さまは、あなたやあなたのお店やビジネス、モノやサービスを気に入ってくれている人です。お客さまはあなたに対して「心の窓」を開けています。他のお店や会社とは、もう見方が違うのです。

固定客をつくる「1対3対5の理論」

1 **新規顧客獲得**がビジネスの始まり

↓

3 同一顧客が3度来店したら**お得意さん**になる

↓

5 5回反復して同一店で買い物をすると**固定客**になる

point

新規顧客は必ず1→3→5へ誘導する戦略を作成し対応する。

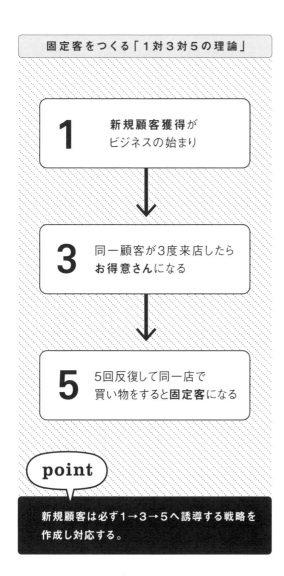

お客さまを離さない「えこひいきの法則」

圧倒的な独自化路線で異彩を放つ人気の飲食店があります。北海道道南地域を中心にハンバーガーを主力としたファストフードチェーンを展開するラッキーピエログループです。

ハンバーガーショップといえば、マクドナルドやロッテリア、モスバーガーといった圧倒的な大手が存在します。ラッキーピエログループは函館市近郊での店舗数が大手チェーン店の合計店数を上回り、全17店舗での年間の来客数はおよそ220万人にも上るそうです（2017年度）。全国各地からお客さまが訪れるのです。

一番人気のあるメニューは中華風味の大きなから揚げが入った「チャイニーズチキンバーガー」（350円税別）。レタス、マヨネーズと中華風の味つけが施されたから

ラッキーピエロの人気ハンバーガー。（一部）

「おいしい」「安心・安全」はもちろん
「びっくり」も追求している。

ラッキーピエロが提供するメニューで
テレビ出演No.1の「THEフトッチョバーガー」。

1番人気の
「チャイニーズチキンバーガー」は
ボリューム満点！
年間50万個以上を売り上げる。

揚げが3個も挟まったこのバーガーの重さは120グラムにもなるそうです。

全国チェーンの平均が約60グラムだそうです。そのボリュームは約2倍です。お客さまはびっくりします。

年間50万食以上も販売するのだそうです（函館ラッキーピエロ ウェブサイト http://luckypierrot.jp/ 2018年4月25日閲覧、以下同）。

「THEフトッチョバーガー」（880円税別）も人気メニューで、コロッケ、ミートパテ、トマト、目玉焼き、シャキシャキレタスがタワーになった高さが20センチ以上もある、見てびっくりのバーガーです。

北海道の郷土料理であるジンギスカンを挟んだ「北海道ジンギスカンバーガー」（350円税別）、「土方歳三ホタテバーガー」（380円税別）といった地元を意識したオリジナルバーガーがいろいろあり、どれも「オヤ？」と思ってしまう楽しいものばかりです。

しかも、商品はすべて手作りで作り置きはせず、オーダーが入ってから調理を始めるので、できたてアツアツで出てきます。

おいしさへの追求だけでなく、安心・安全への努力も徹底しています。食材のほとんどは北海道もしくは地元の道南地方産の地産地消というこだわりで、ハンバーガーのミートパテはその日に仕込んだものだけを使っています。

17店舗は、それぞれ異なるテーマで個性的な店づくりをしています。お客さまに「おもしろかった！」「別の店にも行ってみたい」と思ってもらい、リピートしてもらえる工夫をしているのです。

私がとくにすごいと思うのが「サーカス団員制度」というポイント会員制度です。

これは、購入額に応じて準団員・正団員・スター団員・スーパースター団員とランクがあがっていき、それに即してさまざまな特典がつくという仕組みです。

特典は次のようになっています（２０１７年10月現在）。

・準団員――還元率３％。
５００円利用ごとでスタンプ捺印、96スタンプでめでたく「正団員」に昇格。
・正団員――還元率４％。
１８００ポイントで「スター団員」に昇格。
・スター団員――還元率５％。
３６００ポイントを貯めると「スーパースター団員」に昇格。
・スーパースター団員――還元率６％以上。

それぞれのランクで、お食事クーポンのプレゼントなども用意されています。

最上位のスーパースター団員のお客さまは4600人以上もいらっしゃるそうです。スーパースター団員となったお客さまには社長からの年賀状などが届いたり、新年会のお誘いなどもあるそうです。さらに、自宅を店長が訪れて感謝状を贈呈したり、新作バーガーの試食役をお願いすることもあるそうです。こうなると、親戚付き合いのような親密な感じがしてきます。

ここまで最高においしくてびっくりする商品づくり、サービス、売り方の独自化を追求すれば、お客さまが感動しないわけがありません。

お客さまが自主的に店内のトイレットペーパーを交換してくれたり、会長の王さんに「○○店の草取り、そろそろしたほうがいいんじゃないの？」などと電話がかかってくることもあるそうです。これはおそらく、お客さまが「ラッキーピエロを育てているんだ」という気持ちになってくれているのです。

ラッキーピエログループの創業者で会長の王一郎《おういちろう》氏は次のように述べています。

「店頭では毎回お名前をいただくので『スーパースターのお客さまのお顔とお名前は

ラッキーピエロの「サーカス団員制度」

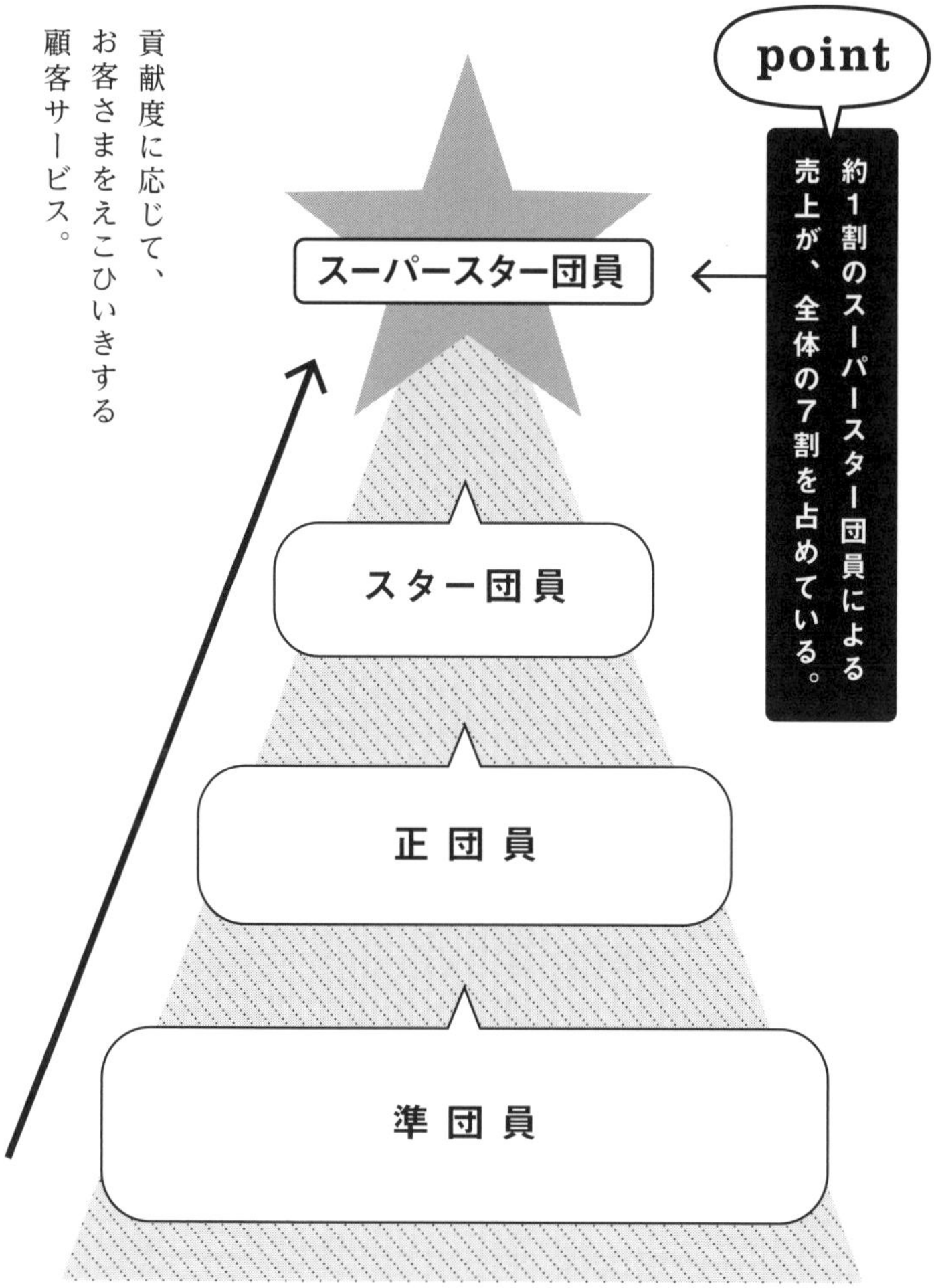
貢献度に応じて、
お客さまをえこひいきする
顧客サービス。
point
約1割のスーパースター団員による
売上が、全体の7割を占めている。
スーパースター団員
スター団員
正団員
準団員

スタッフそれぞれが100人以上覚えるように』という教育もしています」

働いているスタッフも、お客さまを大切に扱うようになる仕組みです。

VIPのお客さまがお店に行くと、「スーパースターの○○さまがご来店です!」と言ってもらえるのです。お店のスタッフさんに笑顔で歓迎してもらえるのです。

お客さまはお店にえこひいきされて大切にされているという喜びで脳が「快」「快」「快」となります。

それを見ている他のお客さまは、自分もVIP待遇をしてもらいたいと思います。

この**「えこひいきの法則」は、お客さまを絶対に店から卒業させないという仕掛けです。**

お客さまとコミュニケーションの量を重ねることで、次のようなステップを踏んでいくのです。

潜在顧客 → 新規顧客 → お得意客 → 信者客 → 伝道客

お客さまを卒業させない仕組み

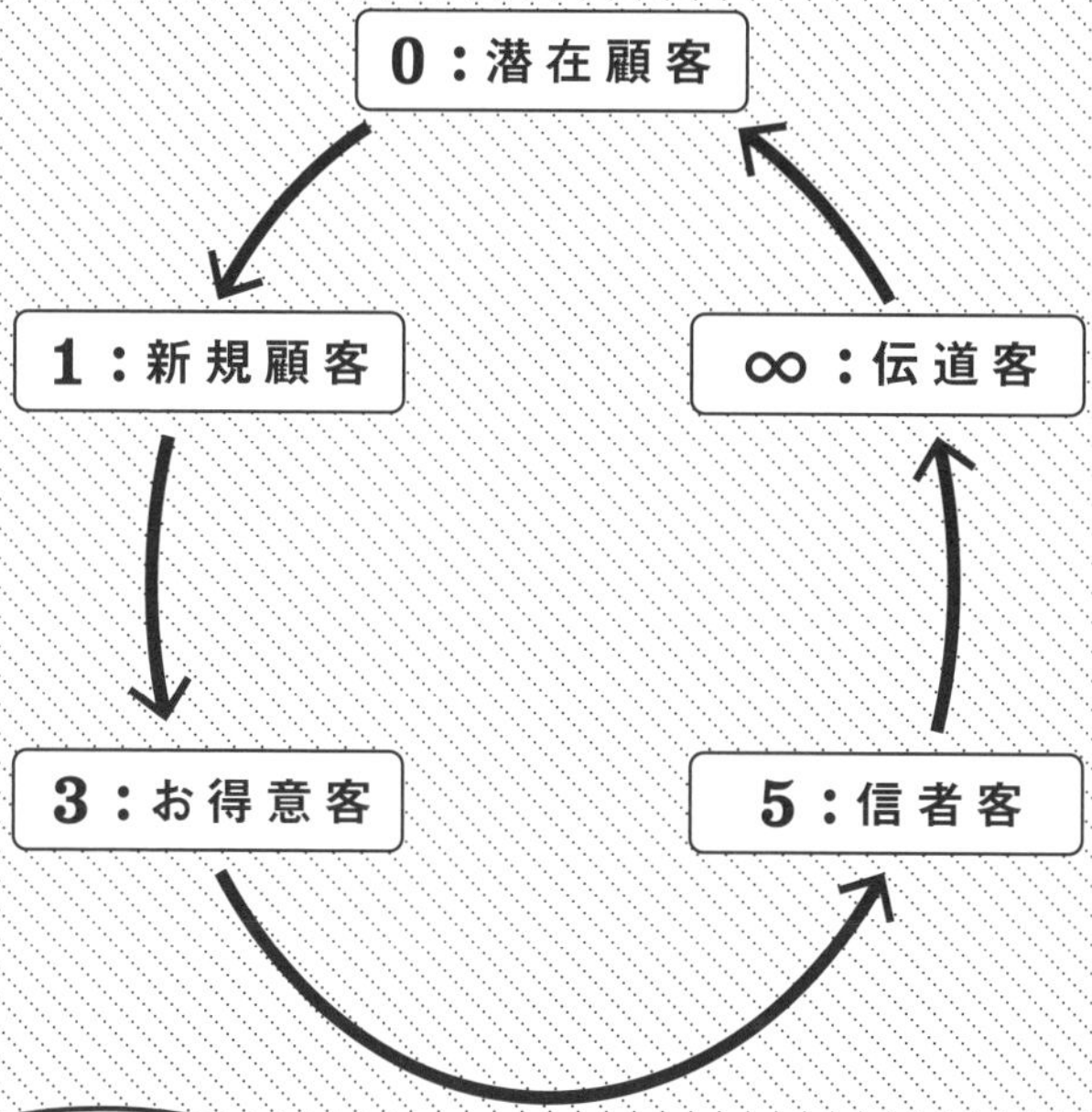

point

●「1対3対5の理論」を使って「信者客」をつくる。

●「信者客」はあなたやあなたの会社を大好きになってくれると、友人や知人、お付き合いのある会社などを紹介して、伝道してくれるようになる。この特上の「信者客」が「伝道客」である。

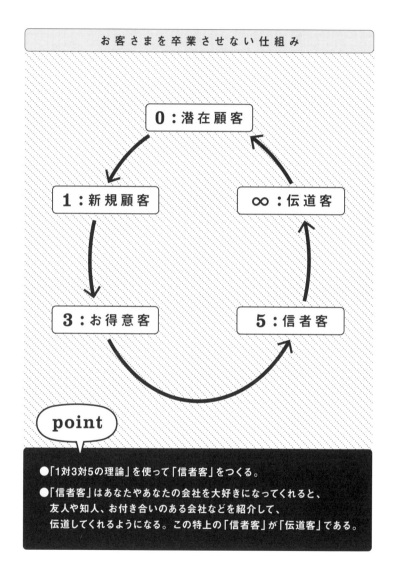

新しいお客さまがリピートして、たびたび「快」を味わって常連客となり、お得意さんになってくれます。そういうお客さんが増えれば、放っておいても売上は伸びていきます。

さらにお客さまとの絆が深まると、あなたやあなたの会社を大好きになってくれます。

「信者客」というのは、あなたやあなたの会社を大好きになってくれて、あなたやあなたの会社のために何かをしてあげようと信者のように考えてくださるお客さまのことです。

そして、友人や知人、お付き合いのある会社などを紹介してくれるようになり、伝道してくれます。それが「伝道客」です。積極的にお店のことを紹介する「最高の広報員」となってくれますから、宣伝広告費をかけずに知名度が上がっていきます。

将来、あなたの会社の売上を大きく伸ばすのは、こういうお客さまたちです。「普通のお客さま」が「特上の信者客」になってくれるところに、商売の面白さがあります。ラッキーピエログループでは、これを仕組化しているのです。

ラッキーピエログループのスタッフの75％は主婦の方たちだそうです。しかも、70代の方も働いておられるそうです。

王会長と対談させていただいたことがあるのですが、そのとき次のようにお話しになられました。

「創業から基本的にお母さんたちの採用を根気よく続けてきました。制服は白衣です。なぜそういう経営戦略を選んだかというと、母親が家族に食べさせるような愛のある温かい食事を常に提供したいからです。

だから、求人募集も『人柄募集』と銘打って呼びかけています」

このような愛のある職場コミュニケーションがあるから、スタッフ間に相手を思う愛が芽生えます。だから、自然とみんなが笑顔になります。その結果として、仲間や会社への強い絆が生まれます。

この温かい空気感はお客さまへも自然と伝わります。

まるで家族のような温かな愛のあるコミュニケーションはお客さまにとって、最高のやすらぎと安心になります。

やすらぎと安心感は、お客さまにとって「安い」「お得」と比較にならない最高の「おかず」となるのです。

ビジネスに愛と感動を入れる。

「1対3対5の理論」でコミュニケーション量を増やしながら、その中に愛と感動、安心ややすらぎといった心の満足を入れるのです。

それが、ビジネス独自化への道につながります。このことを忘れないでください。

PART

5

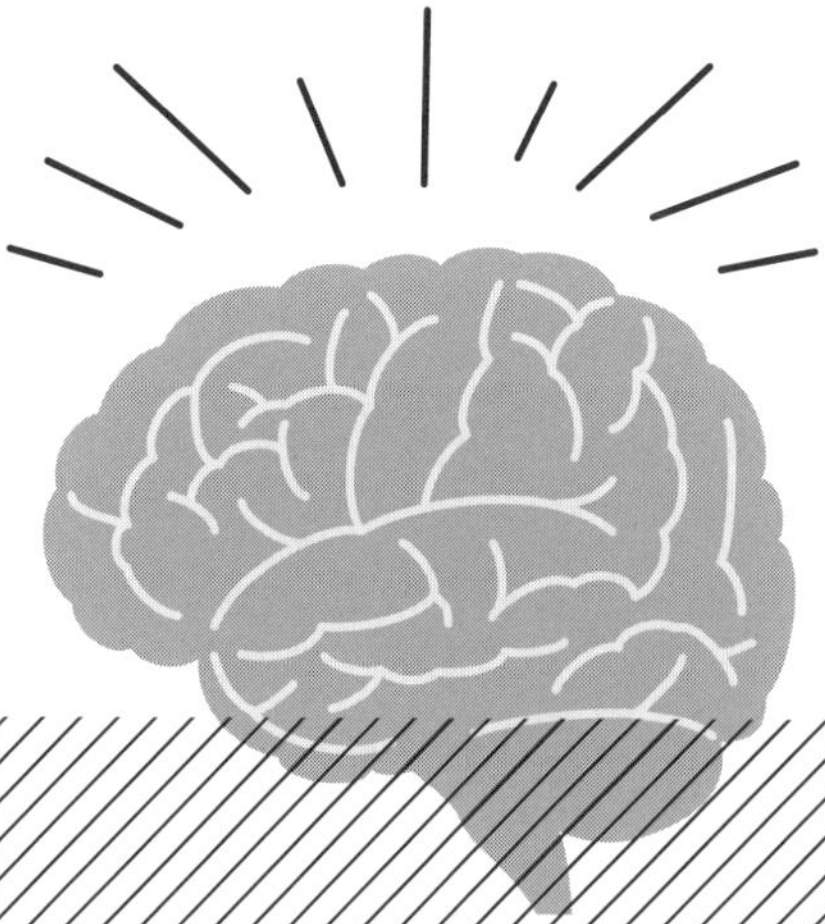

儲かるように
すべてを変える！

これからの時代の勝利者になる
「脳の法則」

"Brain's law" to
move customers

儲ける人は徹底的に目標設定をしている

さて、本書では消費者の心を動かして、つかんで離さない「脳の法則」をお伝えしてきました。

この「脳の法則」を実行して絶好調に「うまくいく人」がいる一方で、「うまくいかない人」がいるのです。

もし、本書で紹介した「脳の法則」を試してもなかなか結果が出ないのだとしたら、ビジネスの大元に立ち戻ってみる必要があるかもしれません。

まずあなたに質問します。

あなたは本当に「儲けたい」と思っていますか。

儲けるとは、単純です。儲かることを徹底的に探し、儲かることを徹底的に実行すればいいだけです。

口では「儲けたい」と言っているのに、潜在意識の本音のところでは「儲かるわけがない」と思っていたら、儲かりません。それが「脳の法則」です。他人はだませても、自分はだませないのです。

「儲かることなんて、思いつかない」とおっしゃる人がいます。

私から申し上げると、儲かることは無限にあります。

私は今まで多くの経営者の皆さんにお目にかかってきましたが、どのような経済環境にあってもケタはずれに儲けている人は確実にいます。そのような人たちに共通する思考習慣があります

儲けている人の思考習慣

①儲けることを徹底的に考えている
②徹底的に考えていると儲かることが見つかる
③儲かる仕組みをつくる
④仕組みを最高にする
⑤ケタはずれに儲かる

つまり、儲かるとは、儲けることを徹底的に考えるところから始まります。

そして、儲かるビジネス、儲かる会社にしようと思ったら、仕組みにしなくてはなりません。そのために、「しなくてはならない努力」があるのです。

囲碁で考えてみましょう。囲碁ではその場面での最善とされる打ち方があり、これを定石《じょうせき》と言います。ビジネスにもその場面での最善最良の方法である定石があります。

成功しようと思うなら、まずはビジネスの定石から勉強すべきです。

定石を学ばずに、ケタはずれに稼ぐ人にはなれません。定石を学んで上手にプレイする人がケタはずれに儲ける人たちなのです。そのような人たちは、社会の変化や顧客のニーズを先取りして、その時々の適切な戦略戦術を打っています。

戦略戦術をつくるとは、①分析し②考えて③仕組みをつくりだす、ということです。

もし、戦略戦術を考えずに気分だけの単純思考で社長が会社を運営していたら、そこで働いている社員やスタッフの皆さんはかわいそうです。発展性のない事業、収益性の低い事業、将来性のない会社——、これらは単純思考のリーダーがつくり上げているのです。

これからの時代は、ビジネスモデルをつくる前にまず、高等な分析が必要です。日本では少子高齢化が進んでいますから、これまでどおりのビジネスではどうしても供給過剰となっていくでしょう。このような環境で伸びるのは従来の既得権益を壊すような新しい感覚の企業です。

さらに、新時代に必要なのは、無から有を生み出す思考力です。人工知能の登場により、組織で行ってきたビジネスから「個」の時代へと変化しています。これまでのように、ネットワーク型でビジネスを行わなくても、個人でビジネスができるという素晴らしい時代がやってきたのです。

このようなことを総合的に考え分析して、長期戦略と短期戦術を組み合わせながら、ビジネスモデルをつくります。

私は仕事柄、いろいろな人からこのような質問をされることがあります。


「儲かっている社長と、儲かっていない社長の脳の違いは何ですか？」


ズバリ申し上げましょう。大きく儲けている人と努力してもうまくいかない人の違い、それは、**「戦略思考」**の人間なのか、それとも**「単純思考」**の人間なのかという違いです。

戦略思考というのは「何を、どのように、いつまでに、どう行うか？」という、物事をゴールから考える思考習慣のことです。それに対し単純思考は、「目の前の事をまずやる」というような単純発想の思考習慣です。

戦略思考の経営者は綿密に計画を立て、目標も具体的で、それに対する戦術がしっかりしています。設定した目標をどうしたら達成できるのか、その実行手段である戦術をいつも脳が考えています。

将来から現在を見る。

このような物の見方を、「物事を俯瞰《ふかん》で見る」と言います。

私はスポーツやビジネスの分野で、これまで多くの人たちを指導してきました。指導しながら、「よし、もう大丈夫」と思う瞬間があります。それはその人が、「将来の自分」から「現在の自分」を見られるようになったときです。「よし、これで彼も自己変革できた」と判断するのです。

ソフトバンクグループの社長である孫正義さんは、弱冠19歳で次のような**「人生50年計画」**を立てたそうです。

20代で、自ら選択する業界に名乗りを上げ、会社を起こす。
30代で、軍資金を貯める。軍資金の単位は、最低1千億円。
40代で、何かひと勝負する。1兆円、2兆円と数える規模の勝負をする。
50代で、事業をある程度完成させる。

60代で、次の世代に事業を継承する。

（仕事の心得「孫正義・25文字の成功哲学」『ＰＨＰオンライン衆知』）

孫さんはこの計画に基づいて、事業を行ってきたのです。これもやはり、上（ゴール）から下（現在）の視線で見ているわけです。孫さんは、60代の計画を踏まえて20代の計画を立てているということです。

しかし、多くの経営者は、なかなかここまでの見方ができません。

山登りでたとえてみます。登山するときは、まず、どの山に登るかを決めてから登ります。

日本で一番低い山は、大阪府大阪市にある天保山《てんぽうさん》と言われています。人工的に土を積み上げて造られた人工山で、国土地理院発行の地形図に掲載されており、大阪市のウェブサイトには「標高４・５ｍの日本一低い山として有名な天保山」と紹介されています。ここなら散歩気分でＴシャツででも行けそうです。

一方、富士登山で考えてみましょう。あまり準備をせずに富士登山をする無謀な人もいるようですが、それでは危険すぎます。

「山頂まで登る」という目的を達成するためにはそれなりの準備と計画が必要です。服装や持ち物の準備はもちろんのこと、登山ルートの検討や、熱中症や高山病に対する知識も得たほうがいいでしょう。

さらに、事前の体力づくりなども必要となるはずです。エベレストに登ろうと思ったら、もっと多くの準備と計画が必要です。費用や人員も必要となるでしょう。未踏峰の山を目指すのであれば、また違った準備が必要となります。

どの山に登るか、いつ登るか、誰と登るかを具体的に決めないことには、計画も準備もできません。

登山と経営は同じです。山の高さとは、年商です。年商100億円の企業をつくるのか、それとも何十年か先に年商1000億円企業にしていくのか。「山に登ろう」と漫然と決めるのではなく、「どの山に登ろう」「いつ登ろう」「誰と登ろう」ということを具体的に決めて、準備と計画に着手するのです。

儲けたいならゴールを先に設定する。

脳は、目的がわからない行動を嫌います。そして、喜びを感じないことには興味を持ちません。

こうした脳の仕組みを経営やビジネスにも使うことが、モチベーションを保ち、集中力と持続力を保つコツです。

ゴール地点から見れば、現在の失敗や苦しい努力も、成功へのプロセスでしかありません。

ゴールがしっかり見えていれば、不安や心配、焦り、迷い、ためらいのようなマイナス感情が起こらず、どんな状況でも楽しみながら前進できるのです。

ゴールを先に決めて、ゴールから現在を見る。

すると、ゴールに至るために、やるべきことがわかります。脳は目標達成に向かって全力で働き出します。**脳は目標自動達成装置**なのです。

やるべきことに優先順位をつけて１００パーセントで実行していくということです。

ゴールを決めれば、脳は目標達成に向かって全力で働く

決断は成功へのスイッチ

本当はすごい実力があるのに、なかなか能力を発揮できない残念な会社があります。そのような会社の経営者は、どうしたいかという「未来の姿」がイメージできていません。脳の使い方指導の専門家である私から申し上げれば、思えもできないことが現実になることはないのです。

人間は、脳にインプットされた「条件づけ」に従って行動しています。人生は、自分の脳に操られた結果だと言ってもいいかもしれません。つまり**人間も会社も、イメージしたとおりの現実になる**ということです。

ですから、経営者が何よりも先にやっておかねばならないこと。それは、「決めること」です。

決断こそが、脳への条件づけとなります。

皆さんは、経営者としてどのような成功を自分が望んでいるのかを明確にしていますか。

・会社を大きくしたいのか?
・個人資産を増やしたいのか?

なりたい未来を決めるのです。

自分の本音を探り、腹の底から納得できる決断をするのです。

会社を大きくしたい。そう思うと、「年商100億円にするにはどうすればいいのか」というような思考からスタートするでしょう。次に、どうすれば100億円にできるかという戦略をつくります。個人資産を増やしたいのであれば、戦略が異なるのです。

決断すれば、脳はその「前提条件」に従って全力で働きだすようになっています。

なりたいイメージを具体的にするのが、グランドデザインです。

グランドデザインとは全体構想のことです。ビジネスの基本計画書であり設計図です。長期的・総合的に、企業や組織のやるべきことをはっきりとさせます。

グランドデザインをつくることで、達成するゴールを脳にしっかりとインプットします。

グランドデザインを決めずにビジネスをスタートしているとしたら、無謀だと言わざるを得ません。登山計画や山の知識を持たないまま見知らぬ険しい山に登るようなものですから、道に迷ったり、目的とは異なる場所へと行ってしまうでしょう。

経営を考えるとき、グランドデザインという根っこの上に、戦略という幹があり、戦術という枝があります。

戦術と戦略は軍事用語で使われていましたが、ビジネスやスポーツなどでも使われるようになった言葉です。

戦術とは勝つための個々の具体的な方法で、「兵士の術」です。作戦・戦闘において任務達成のために部隊・物資を効果的に配置・移動して戦闘力を運用する術です。

ビジネスに置き換えると次のようになります。

戦術とは――

・売り方を決めること（マーケティング）

・売れるようにすること（イノベーション）

戦略とは、勝つための総合的・長期的計画のことで、「将軍の術」です。特定の目標達成のために、総合的な調整を通じて、力と資源を効果的に運用する技術・理論です。勝ち方のノウハウとも言えます。さらに、勝つための信念、信条、理念のすべてです。

戦略とは――

・組織の方向性を決める＝先を見通し、ストーリーを描く

・資源の配分を決める＝「捨てるもの」を明確にし、「注入するもの」を決める

設計図がなければ、行動指針や経営者の信条、組織の法律もつくれませんから、長期的・総合的なビジョンが描けません。当然、戦略、戦術、財務戦略に落とし込むこともできません。もちろん、ビジネスモデルもつくれません。

これは、企業であっても、個人事業のビジネスであっても同じです。


どのような山に登るかで、戦略も戦術も変わってきます。

大きな山に登るのか。それとも小さな山に登るのか。何を求めているのかは、その人の価値観が決めています。ですから、グランドデザインをつくるとき、他の人、他の会社に惑わされる必要はありません。


グランドデザインの中に、ビジネスや組織の柱となる「理念」があります。

理念とは、「何のために我々は存在するのか」「何のために仕事をしているのか」というような存在理由のことです。これが、ビジネスの真の目的ということになります。

「脳の法則」から申し上げると、自分のことや、金儲けのことだけを考えているとビジネスは大きくなりません。ただ食べるだけの存在意義のない会社やビジネスはつぶれる運命にあります。

逆説的なようですが、社会がどう喜ぶか、お客さまがどう喜ぶか、スタッフや取引先、家族がどう喜ぶか。他喜力を発揮して考えると真のグランドデザインが見えてき

「グランドデザイン」がイメージできれば、現実になる

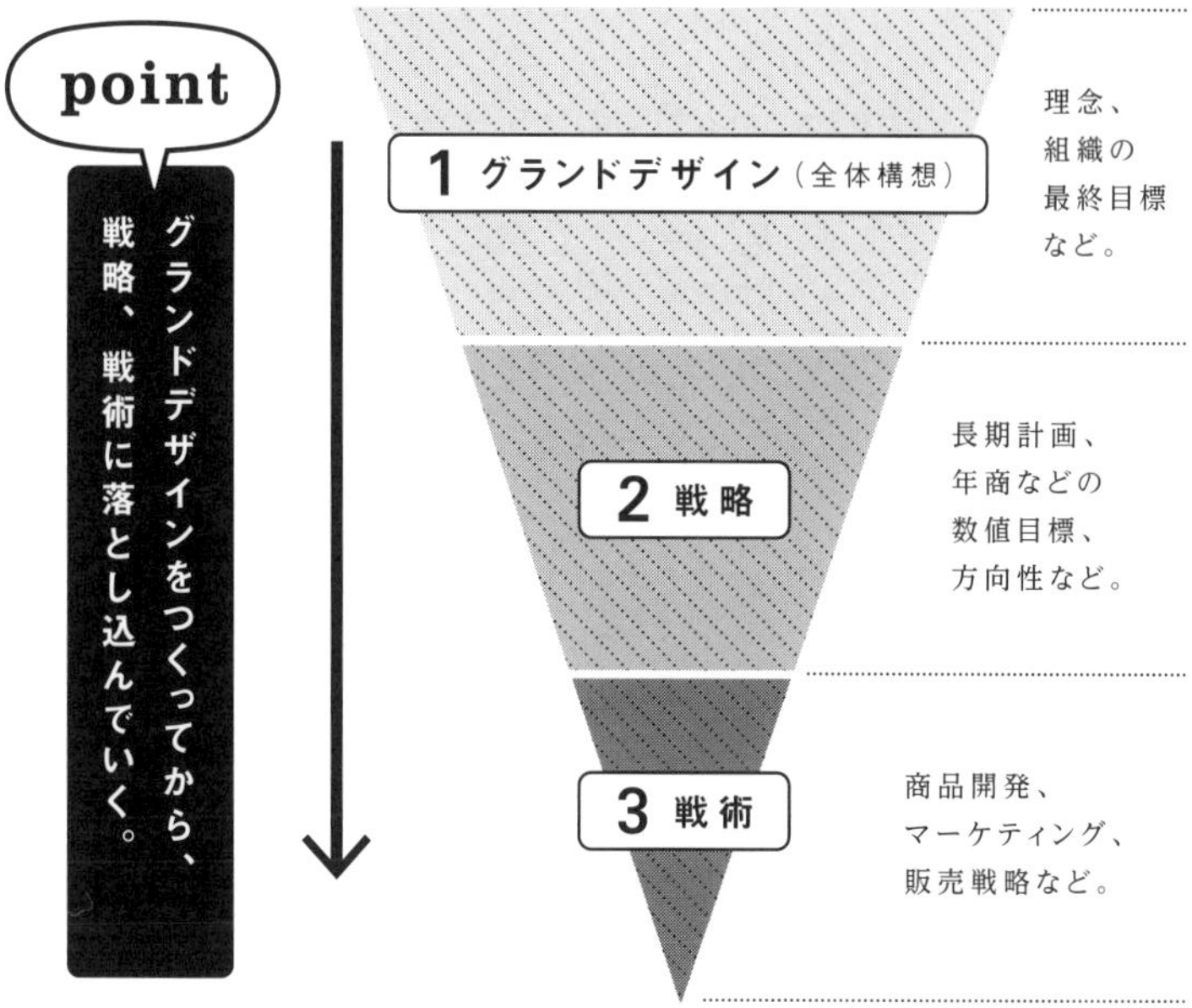
point
グランドデザインをつくってから、戦略、戦術に落とし込んでいく。
1 グランドデザイン（全体構想）
理念、組織の最終目標など。
2 戦略
長期計画、年商などの数値目標、方向性など。
3 戦術
商品開発、マーケティング、販売戦略など。

ます。

　ですから、「グランドデザイン」には金額や数字が出てこなくてよいのです。

「理念が確立されれば、経営はもう半分成功したようなものだ」。

　こう言ったのは経営の神様とも言われる松下幸之助翁です。

　つまり、彼の言う理念とは「グランドデザイン」のことなのです。

皆さんは、女性だけの30分健康体操教室「カーブス」をご存じでしょうか。日本全国1860店舗、80万人を超える会員が通う、日本有数の健康施設です（2017年12月現在）。

「カーブス」のすごいところは、「会員もスタッフも女性だけ」と限定していること、「今までフィットネスを考えてもいなかった層」にその場を提供しているということです。80％以上が50歳以上で、最も多い年代が60代、最高年齢はなんと102歳だそうです（2017年6月末現在）。これまでフィットネスクラブへ行くという機会がなかった運動が苦手な人たちにもその場を提供しているのです。

さらに言えば、運動して健康になることに加えて、孤独を感じやすい世代に、女性同士のコミュニティーを創出し、インストラクターの心温まるサポートなどを提供しているところが独創的です。

代表取締役会長兼ＣＥＯの増本《ますもと》岳《たけし》氏は次のように言います。

「私たちは元々、フィットネスが経営したくて『カーブス』を展開しているのではありません。日本の高齢化社会の問題の解決を目指しているのです。
私たちの目的は『病気と介護の不安がない社会、誰もひとりぼっちにならない社会を作る』ことです」

カーブスは、今まで運動をしなかった女性に運動してもらい、「生活習慣病や寝たきりの予防をすることで、医療費や介護費用の削減を実現して、日本の社会保障問題を解決する」ことを目指しているのです。

カーブスは次のような企業理念を掲げています。

【私達の使命】
私達は、正しい運動習慣を広めることを通じて、
お客様と私達自身の豊かな人生と社会の問題の解決を実現します。

この理念があるから、スタッフがついてきます。お客さんも来てくれます。お金は大切ですが、お金のためだけだったら、人はついてこないでしょう。

大変残念なことに、グランドデザインを決めていない経営者が多いのです。目の前の小金集めができればいい、というような単純思考の人たちです。

しかし、それではビジネスの発展は期待できないでしょう。

なぜなら、どこに向かって歩いているかわからない、その仕事や生き方に大義もないわけですから、誰からも応援されず、必要ともされず、ただただ漂うばかりです。

そのような仕事の仕方では、お客さまの脳もスタッフの脳も「快」になりません。ですから、いつしか消えていく運命にあります。

あなたは、何のために今の仕事をしていますか？

あなたの会社の「真の目的」は何ですか？

あらためて整理してみてください。

ここで、心のスイッチをもう一度、オンにしていきましょう。

カーブスは、運動をとおして
お客さまの人生を変える
パワーのある場所であることを
目指している。

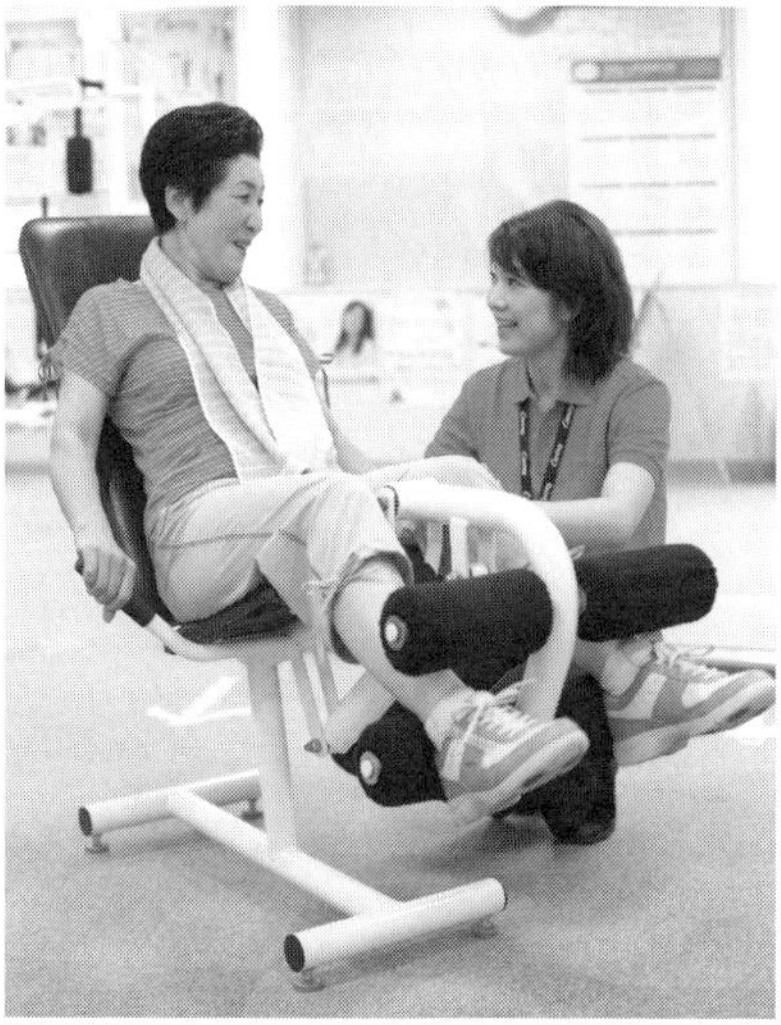

会員もスタッフも女性だけ。
1回のトレーニングは30分

女性インストラクターの心温まるサポートと、女性同士のコミュニティが人気の秘密

経営計画はウソでいい

経営者の勉強会で、いつも皆さんに申し上げていることがあります。

経営計画書なき経営は、恐怖の奴隷制度なり。

経営計画とはグランドデザインを達成するためのすべての計画です。組織、各部門のそれぞれの目標、行動などの計画です。

この経営計画書がないまま経営を進めようとすると、どこに向かうのか、何をやったらいいのかわからず、奴隷のようになっていくのです。

私はこれまで多くの中小企業経営者の方とお目にかかってきましたが、経営計画書がなくて成功した人を見たことがありません。これは、個人のビジネスでも同じです。この経営計画書づくりは、儲かる組織にするために必ずしなければいけないことです。その際、3つの戦略を具体化して経営計画をつくり、それに伴った資金運用計画を立てることが必要です。

3つの戦略とは、「安定戦略」「成長戦略」「将来戦略」です。

「安定戦略」

現状のビジネスを安定させるために、売上や利益を確実に維持する儲かる仕組みづくり。

「成長戦略」

組織全体が成長するために、どのような領域に注力するのか、その方向性を、明確にすること。

既存、または新規の市場のうち、成長が見込める領域や分野に狙いを定め、そこへ経営資源を集中させていくことで、成長の実現を目指す戦略。

「将来戦略」

これから迎える将来の新しい時代を読み取り、それを踏まえて戦略的経営思考でつくる戦略。

発展する会社の経営者はこのルールを理解して、経営計画を立てています。そして、「成長戦略」と「安定戦略」の両立をしています。長期的な戦略と短期的な戦略を組み合わせて、右脳と左脳を総動員して攻めと守りを固めるのが、儲かる経営の絶対条件です。

さらに、それぞれを短期的・中期的・長期的に分けて戦略を変えていくことをしてみてください。

私は今まで、多くの経営者の皆さまに経営計画書のつくり方を教えてきました。その際、必ずお伝えすることがあります。

経営計画書はウソでいい。

経営計画書とは経営者の脳のウソなのです。いや、大ウソの経営者もいらっしゃいます。

人の行動は、「根拠のない自信」から始まります。

最初のウソは根拠のない自信かもしれません。

しかし、そのウソを腹の底から思い込むことができれば、ここまで皆さんにお話ししてきたように、脳はそのイメージに向かって全力であなたを操ります。

ですから、経営計画書をしっかりと作りこんで「嘘から出た実《まこと》」にしていくのです。

本気でイメージしたウソは、必ず現実になっていきます。これが、恐ろしくも素晴らしい「脳の法則」の真実なのです。

目標を徹底的に詰める

儲かる会社にしようと思ったら、仕組みから儲かるように変えていかなくてはなりません。

そのために、経営者には2つの視点が必要です。

ひとつは空から地面を見る鳥の目。もうひとつが地面から空を見る虫の目です。ゴールから現実を見る視点と、現実からゴールまでを詰める思考の両方が必要だということです。

片方の視点だけでは、儲かるビジネスのグランドデザインは描けません。

未来のなりたいイメージから現在へ、上から下の視点でグランドデザインをつくります。同時に、現在からゴールへ、下から上へ、すべきことを詰めていきます。

グランドデザイン実現のための経営計画はウソでもいいと申し上げました。このときの視点は鳥の目です。イメージをはばたかせて、大きく夢を語るのです。

その「根拠のないウソ」を「根拠のあるウソ」に変えていくのが、虫の目です。徹底的に現実的に詰める作業を行います。漏れのないように分析して、細かなところまで詰めていきます。

断言しておきましょう。徹底的に詰める作業をせずに楽観的に夢を語るだけでは、ウソは現実にはなりません。ウソを現実にするためには、手段を考え、実行していくのです。

「これは売れるかもしれない」と右脳でイメージしたら、理論的な手段を左脳で講じて、裏打ちをしていくのです。手段を講じて、徹底的に詰めていくのです。

人、モノ、金……、それぞれに対する手段を講じることが必要です。今は世の中のサイクルが速いので、スピード感を持って取り組んでいただきたいと思います。

瞬発力を高めるには、優先順位をつける。

「いつまでに」「何を」「どのように」行うかを決めます。

また、同時に**「何をやらないか」という後先順位もつけていきます。**つまり、「してはいけないこと」「後回しにすること」を決めるのです。

決めたら、即、行動しましょう。

行動することで物事は実現していきます。行動する人間から言い訳は消えていきます。行動してみて確認する。確認してみて思考分析する。このサイクルを繰り返して初めて、できるようになっていくのです。

しかし、大変残念なことに、このあたり前のことをわかっていない経営者が多いのです。

しかも、経営の調子がよくなると図に乗ってしまう人がいます。そのような人は態度や口調、表情や身につけるものまで図に乗ってしまいます。調子に乗るのはよいのですが、図に乗ってはいけません。

図に乗るとは、すべてが思いどおりに運ぶように思えて、調子に乗り過ぎている状態です。人からは、つけあがっていると見られるでしょう。自己中心的になり、自分のことしか考えていません。冷静な判断ができなくなっています。他人を思いやる心もなくなっている状態です。

一方、調子に乗るとは、「このお調子者めが！」などと、人をたしなめる時に使う言葉ですが、私から申し上げれば調子に乗ったほうがよいのです。

調子に乗るとは、ビジネスなどに弾みがついて順調にすすんでいる状態です。うまくいったことを、より調子の波に乗せるとよいのです。

・図に乗る＝思考停止の状態
・調子に乗る＝発展思考の状態

図に乗っていると、自分の愚かさが見えなくなります。自分の愚かさが見えないと、「大切な人に迷惑をかけている自分」が見えなくなります。

「大切な人に迷惑をかけている」という自覚があるから、感謝の心が生まれ、恩返しをしたくなり、「何をしなければいけないか」を考えることができます。そのために、新しい手段を考えることができ、計画実現のための努力を続けることができるのです。

目標を必ず達成できる「3—1方式」

会社を大きくしたい経営者も、個人資産を増やしたい経営者も、誰でも目標を達成できる方法をお伝えしましょう。

ビジネスのグランドデザインは未来から現在を見ながらつくり、詰めるときは現在から未来へ詰めることをお伝えしました。ここで紹介する**「3—1方式」**は下から上へ詰めていくときに役立つ方法です。

ケタはずれに儲けている社長というのは、グランドデザインを脳に鮮烈にイメージして、実現への手段を徹底的に詰めることのできる人たちです。同じ脳の使い方をして、目標達成をしていきましょう。

この「3—1方式」を使うと、事業規模（売上、利益など）や事業内容、儲ける戦略などを明確にできます。
まず、3年後にグランドデザインを達成することを目標に設定していきます。

①3年後の最終目標を徹底的にイメージ

グランドデザインをありありとイメージします。

②3年後のグランドデザイン実現のために1年後を「基礎目標」として設定

3年後にグランドデザインを実現するとしたら、今年1年で何を達成する必要があるかを考えます。

「将来のために今年がある」「これは、大きな目標を達成するためのプロセスなのだ」——そう思えたとき人は心の底からがんばれます。

③3年後の目標へのプロセスとして2年後を設定

1年後の基礎目標をクリアし、さらに3年後のグランドデザイン実現に近づくための目標設定です。

こうして、3年後→2年後→1年後の目標を明確にし、戦略戦術を明確にしたうえで、あらためてグランドデザインをイメージします。あいまいだったイメージが、具体的になってきたはずです。

詰めていくべきことは他にもたくさんあります。

まず、1年目、2年目、3年目に利益剰余金をいくらにするのかという財務戦略が必要です。

販売戦略には、市場調査が必要です。新規事業を立ち上げるには商品開発がなされていなければなりません。それらの市場戦略を考えたうえで内部体制を確立し、市場に挑まなければなりません。

儲かるようにすべてを変える。

なぜ、グランドデザイン実現を3年後と設定するのか。ここにも理由があります。3という数字には不思議な力があります。私は経営者の勉強会で次のようにお伝えしています。

3年で変化できぬ者は、何もできないと思え。
本気で考え、本気でのめり込み、本気でやれ！

変化するために必要な時間は最大で3年です。3年で変化しなければ、5年やっても、7年やっても、10年やっても、たとえ50年をつぎ込んでも、何も変わりません。なぜなら、人間の脳は慣れるからです。

短期間でケタはずれに儲ける社長になるコツは脳を異常集中することです。そのために、次のことを習慣にしてみてください。

・3分間、脳を集中させるクセをつける
・3日間、何かにのめり込むクセをつける

そして経営者の「しなくてはならない努力」、それは次の2つです。

①現在の売上を伸ばす努力
②将来の売上を伸ばす努力

脳に異常集中させるクセをつけて、グランドデザインを短期間で達成してください。

どうか消費を動かす「脳の法則」を学んで、誰よりも上手に「オヤ？　ふむふむなるほど！」「おかずの法則」「ジョウゴの法則」を活用してください。

皆さんのビジネスを独自化して、ケタはずれに儲けてください。

［3－1方式］で目標設定

目標を明確化して、戦略・戦術にあった努力をする。

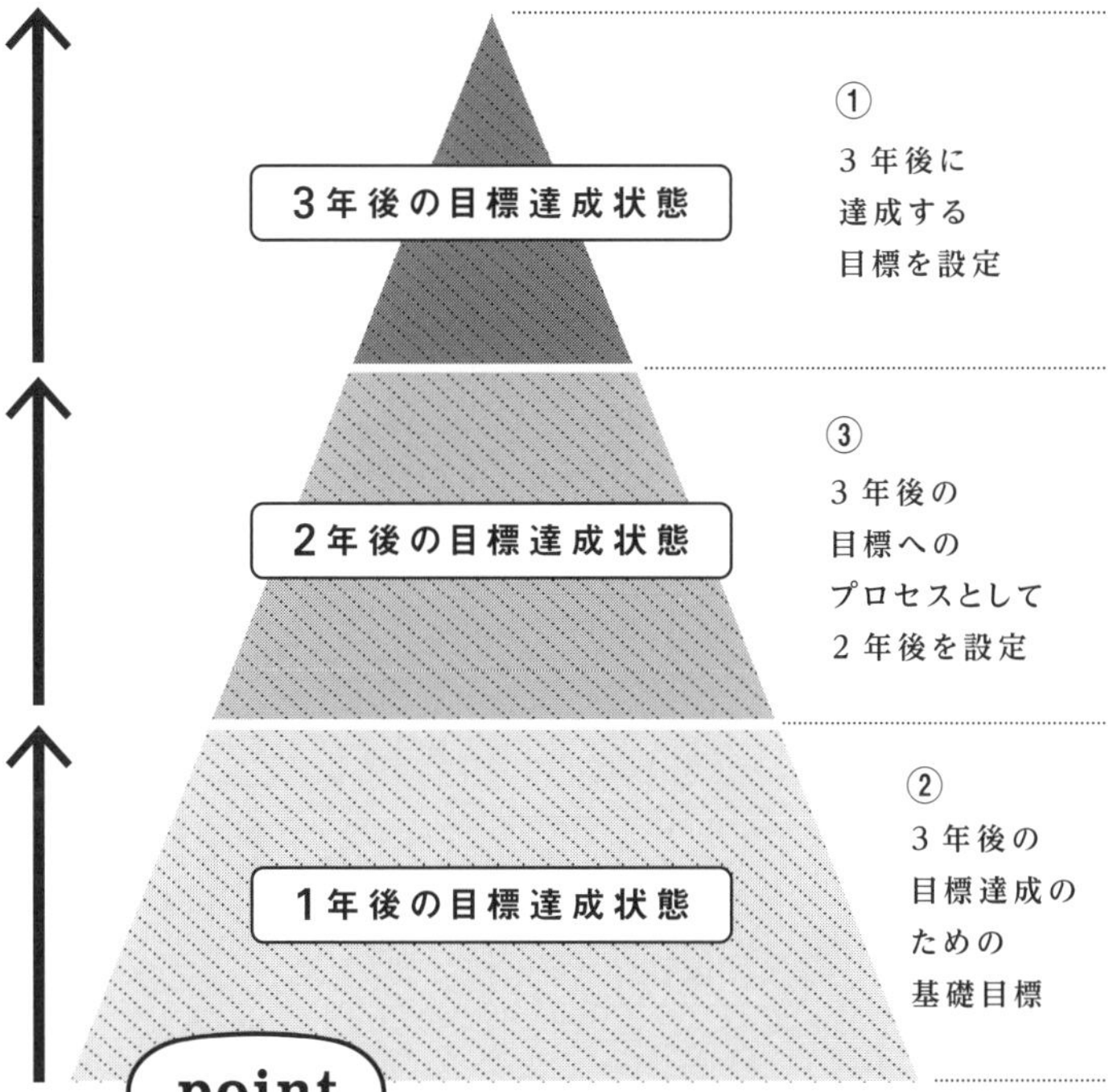

point

目標を達成するために、実現の手段を詰めていく。

- **事業規模は？** 売上、利益、従業員数などを詰める。
- **事業内容は？** 業種、業態、取扱い商品などを詰める。
- **仕掛けの方法は？** さまざまな角度から売り方を考える。

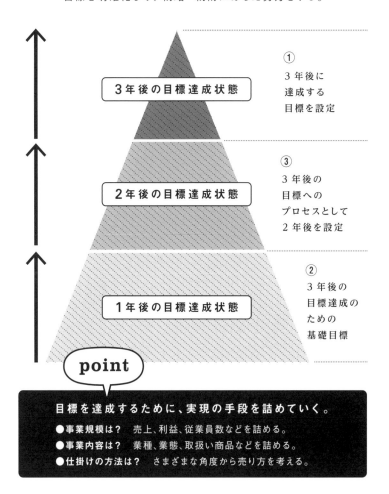

これからの時代の勝利者になる法則

さて、ここまで消費を動かす「脳の法則」についてお伝えしてきましたが、ご理解いただけたことと思います。

本書の最後に、圧倒的な勝者に必要な「脳の法則」を、皆さんにお伝えしておきたいと思います。

人工知能、ロボティクスの登場で世の中がものすごいスピードで変化しています。

そして、恐ろしいほどに究極の二極化が進んでいます。

富裕層と貧困層、高齢者と若者、独身者と既婚者、都会の過密化と地方の過疎化、幸せな人と孤独な人……。

このように、大きく二極化されていきます。つまり、これからの社会のニーズも、ものすごいスピードで変化していくのです。

ものすごい変化の時代はこの変化の波に乗れば大チャンスです。ですが、この波に乗り遅れたら、今までより早いスピードで企業はつぶれてしまう可能性があります。

もちろん、変化の時代に効率性は重要です。AIやロボットを使った自動化や効率化は加速度的に普及していくはずです。この流れを止めることはできません。

しかし、多くの人が見落としていることがあります。ビジネスを成功させる大切な法則があるのです。

「変えるべきもの」と「変えてはいけないもの」がある。

このことを、覚えておいていただきたいのです。

これからの時代の勝利者になるには、この**不易流行**《ふえきりゅうこう》を知ることが重要です。

不易流行とは松尾芭蕉《まつおばしょう》の俳諧《はいかい》の理念とされているものです。

「易」という字には、「改める」「取り換える」「変化する」という意味があります。『大辞林』を開いて見ると、不易とは「いつまでも変わらないこと（さま）、永遠」とあります。流行とは「時代とともに絶えず変わり、新しくなるもの」とあります。

松尾芭蕉は『おくのほそ道』で有名な江戸時代の俳諧師です。その弟子である向井《むかい》去来《きょらい》が芭蕉からの伝聞や、俳諧での心構えなどの俳諧論をまとめた『去来抄《きょらいしょう》』という書物があります。芭蕉の俳諧を論ずる者にとって必読の書とされるものの一冊です。そのなかに不易と流行についての文があります。

去来曰く「蕉門《せうもん》に千歳《せんざい》不易《ふえき》の句、一時《いちじ》流行《りうかう》の句といふあり。是《これ》を二つに分けて教え給へる、その元《もと》は一《ひと》つなり。不易を知らざれば基《もとゐ》たちがたく、流行を知らざれば風《ふう》新《あら》たならず。不易は古《いにしへ》によろしく、後《のち》に叶《かな》ふ句なる故《ゆゑ》、千歳不易といふ。流行は一時一時の変にして、昨日《きのふ》の風今日《けふ》宜《よろ》しからず。今日の風明日《あす》に用ひがたき故、一時流行とはいふ。はやる事をするなり」。

(訳)

蕉門に、千歳不易《せんざいふえき》の句と一時流行の句というのがある。先師はこれを二つに分けて教えられたが、その根本は一つである。

不易を知らなければ俳諧の基《もとい》が確立しないし、流行を知らなければ俳風が新しくならない。不易というのは過去においてもすぐれており、後世になっても価値が変わらぬものであるから、千載不易というのである。流行はその時その時に応じて変化することで、昨日の俳風が今日はよくなく、今日の排風が明日には通用しにくいので、一時流行というのである。つまり、はやることをするのである。

(『完訳 日本の古典 第五十五巻 芭蕉文集 去来抄』修行 [一] 不易と流行、井本農一/村松友次/栗山利一 校注・訳 小学館)

つまり、芭蕉が言っているのは「不易性は固定することで可能になるのではなく、不断に変化することで可能になる」という考え方です。

この「変えてはいけないもの」と「変えなければいけないもの」を理解していない

人が増えているのです。

変えるべきものを変えずに、変えてはいけないものを変えています。簡単に時代の波に流されているのです。

自然には万事万物が調和を保つための道理があります。人間には人として行うべき正しい道があります。

この「天理人道《てんりじんどう》」は変えてはいけないのです。

大きく成功している人は、「変えるべきもの」と「変えるべきでないもの」を理解しています。

このことを理解している人だけが、圧倒的な勝者となれるのです。

不易流行は繁栄を切りひらく「脳の法則」である。

不易流行の追求がこれからの時代で成功するには欠かせません。皆さんはぜひ、肝に銘じておいてください。

ＡＩ時代の新しい変化を取り入れながら、魂レベルでお客さまを喜ばせる。
新しい時代の変化を受け入れながら、本質的な部分は変えるのではなく深めていく。
これが、圧倒的に儲ける人の「脳の法則」なのです。

おわりに——新しい時代に向かい仕掛けていこう

中小企業の経営者の皆さん、ビジネスに携わる皆さんに日本を救ってほしい——。

この思いを込めて本書を書きました。

昔から政治家は国を変えるだけで救いはできません。国を救えるのは税金を納める経営者なのです。この国で働く皆さんです。

だからこそ、皆さんにビジネスの定石を学んでもらい、儲ける手段を持っていただきたい。戦略・戦術をもっと研究して強くなっていただきたい。AIが今よりもっと一般的になったとき、何で勝負するのか。準備しておいていただきたいのです。

今、日本は大変な危機にあります。

AIやロボティクスが登場し、競争はグローバル化し、国内では少子高齢化が進んでいます。解決しなければならない社会的な課題が山積しています。

この状況で、従来型の経営をしている会社がもし一気に崩壊したら、それは日本沈没を意味します。

本書で紹介した「脳の法則」は人を負かすためではなく、人を豊かに幸せにするために、使っていただきたいのです。

本書の冒頭で、ビジネスの努力には、２つあるといいました。「してはいけない努力」と「しなくてはならない努力」です。

儲かって仕方がないという人の共通点は、さまざまな角度から「売り方」を考えているということです。ひとつの商品に対して、10通りくらいの仕掛けをつけて、市場で勝負しています。

その差が結果として出ているということなのです。

売るための手段を持たずに市場という戦場に出るのは、何の武器も道具も持たずに、裸で戦いに出るようなものです。

皆さんは、万全の態勢で完璧に勝てる体制をつくりましょう。学んで実践を重ねていけば、「してはいけない努力」はしなくなります。

私は、20代の頃、多くの明治生まれの方々にお目にかかる機会がありました。

なかでも、「人生の師」と仰ぐひとりの人物がいました。

師が私に語ってくれた言葉が、今でもはっきりと頭に残っています。


「よく覚えておけ！

世界を動かしているのは、ほんの数人の人間なんだ」


世の中には、情報を手にしていない多くの人と、情報を手にしている数パーセントの人がいます。

表からは見えない力が世の中を動かしているのです。

富も、世の中も、歴史も、操る側と操られる側がいるのです。

情報を手にしていれば、世の中を意図して操作することが可能だということです。

本書で皆さんにお伝えしたかったことは、誰かに操られるのではなく、自分の脳は自分で最高の状態に操りましょうということです。

そしてビジネスでは、お客さまや世の中を幸せにするために、「脳の法則」を学び、上手に使っていただきたいということです。

かねてから私は「自分の電話番号を覚えられる脳があれば、その脳を最高の状態にするとどんな夢でも実現できる」とお伝えし続けてきました。

皆さん、不安になるのではなく、ワクワクしながら、脳を最高の状態にしてください。

「脳の法則」を知って、真の豊かさと幸せを目指してください。

新しい時代でも生き残っていく組織、個人になっていきましょう。

そして、皆さんの力で日本を救ってください。

2018年8月15日

西田文郎

資料参考文献

『365 Ways to Fight Daily Stress』White Star Publishers, 2015

ロバート・ウィンストン、町田敦夫訳『目で見る脳の働き』さ・え・ら書房、２０１１年

ロバート・デーサル／パトリシア・J・ウィン著、井上貴央訳『生命ふしぎ図鑑　脳のしくみ―4億年の歴史を探る』西村書店、２０１５年

井本農一／村松友次／栗山利一 校注・訳『完訳　日本の古典　第五十五巻　芭蕉文集　去来抄』小学館、昭和60年

西田文郎『仕方ない理論』徳間書店、２０１３年

西田文郎『錯覚の法則』大和書房、２０１５年

西田文郎『No.１理論』現代書林、１９９７年

西田文郎『ツキを超える成功力』現代書林、２００６年

西田文郎『No.１営業力』現代書林、２０１２年

「孫正義が見せた涙」『日経産業新聞』２０１７年11月9日

ラッキーピエログループ　ウエブサイト http://luckypierrot.jp/

株式会社カーブスジャパン　ウェブサイト http://www.curves.co.jp/

仕事の心得「孫正義・25文字の成功哲学」『PHPオンライン衆知』2014年06月19日 公開、
http://shuchi.php.co.jp/article/1966?p=1

天保山公園（大阪市ウェブサイト） http://www.osaka-info.jp/jp/facilities/cat7/6117.html

「PPAP（Pen-Pineapple-Apple-Pen Official）ペンパイナッポーアッポーペン」PIKOTARO（ピコ太郎）
https://www.youtube.com/watch?v=0E00Zuayv9Q

「ピコ太郎「PPAP」週間再生数世界一 日本人初快挙に『なんですかこれ。。』」
oricon NEWS、2016年10月12日 https://www.oricon.co.jp/news/2079871/full/

「ピコ太郎「PPAP」なぜ世界的に流行?」リアルサウンド、2016年10月12日
http://realsound.jp/2016/10/post-9677.html

著者略歴

西田文郎 にしだふみお

株式会社サンリ 会長
西田塾 塾長
西田会 会長
天運の会 会長
JADA日本能力開発分析協会 会長

1949年生まれ。日本におけるイメージトレーニング研究・指導のパイオニア。

1970年代から科学的なメンタルトレーニングの研究を始め、大脳生理学と心理学を利用して脳の機能にアプローチする画期的なノウハウ『スーパーブレイントレーニングシステム(SBT)』を構築。国内のスポーツ、ビジネス、受験、その他多くの分野に、科学的、実践的なメンタルマネジメントを導入し、絶大な成果をあげている。

この『SBT』は、誰が行っても意欲的になってしまうとともに、指導を受けている組織や個人に大変革が起こって、生産性が飛躍的に向上するため、自身も『能力開発の魔術師』と言われている。

なかでも経営者向けの勉強会として開催している『西田塾』は、毎回キャンセル待ちが出るほど入塾希望者が殺到し、門下生は数千人に上る。

また、通信教育を基本として「ブレイントレーニング」をより深く学んで実践できる『西田会』を開設し、「幸せに生きるための上手な脳の使い方」を伝える活動にも力を注いでいる。

著書に、『No.1理論』『面白いほど成功するツキの大原則』『No.1メンタルトレーニング』『No.1営業力』『No.2理論』『天運の法則』『はやく六十歳になりなさい』『[新装版]10人の法則』『大きく稼ぐ経営者になる 脳のアップグレード術』(現代書林)、『強運の法則』『人望の法則』(日本経営合理化協会出版局)、『ツキの最強法則』(ダイヤモンド社)、『錯覚の法則』(大和書房)など多数ある。

西田文郎 公式ウェブサイト http://nishida-fumio.com/
西田文郎 フェイスブック https://www.facebook.com/nishidafumio.sanri
株式会社サンリ ウェブサイト http://www.sanri.co.jp/

消費《しょうひ》は0.2秒《びょう》で起《お》こる！　人《ひと》を動《うご》かす「脳《のう》の法則《ほうそく》」

2018年10月17日　初版第1刷

著　者 ―――― 西田文郎《にしだふみお》
発行者 ―――― 坂本桂一
発行所 ―――― 現代書林
〒162-0053　東京都新宿区原町3-61　桂ビル
TEL／代表　03(3205)8384
振替00140-7-42905
http://www.gendaishorin.co.jp/

ブックデザイン+DTP ―― ベルソグラフィック
本文使用写真・イラスト ― Bangkokhappiness/Shutterstock.com(p.1)
Barks/Shutterstock.com(p.25)
Illustration Forest/Shutterstock.com
(p.2、p.19、p.53、p.101、p.137、p.165)
写真提供 ―――― ラッキーピエログループ(p.155)
株式会社カーブスジャパン(p.185)

印刷・製本　広研印刷㈱
定価はカバーに表示してあります。
万一、落丁・乱丁のある場合は購入書店名を明記の上、小社営業部までお送りください。送料は小社負担でお取り替え致します。
この本に関するご意見・ご感想をメールでお寄せいただく場合は、info@gendaishorin.co.jp まで。

ISBN978-4-7745-1724-7 C0034

大好評!! 元気が出る本のご案内

現代書林

天運の法則

西田文郎 著

定価 本体15000円+税

「事業・蓄財・人生」――真の成功を追求する経営者の必読書。少人数制の勉強会「天運の法則」のエッセンスを書籍化。天運に気づいたとき、経営者として人間としてなすべき役割が見えてくる。著者集大成の一冊。

面白いほど成功する ツキの大原則

西田文郎 著

定価 本体1200円+税

ツイてツイてツキまくる人続出のベストセラー。ツイてる人は、仕事にもお金にもツイて、人生が楽しくて仕方ありません。成功者が持つ「ツイてる脳」になれるマル秘ノウハウ「ツキの大原則」を明かした画期的な一冊。

人生の目的が見つかる 魔法の杖

西田文郎 著

定価 本体1200円+税

「人生の夢」「人生の目的」には恐ろしいほどのパワーがあります。やりたいことがどんどん見つかり、成功するのが面白いほど楽になります。本書ではあなたの人生を輝かせる「魔法の杖」の見つけ方を初公開します。

大きく稼ぐ経営者になる 脳のアップグレード術

西田文郎 著

定価 本体1400円+税

「成功と人間の器の関係」を著者が独自の視点で5段階の成功レベルに分類。今、あなたはどの段階にいるのか？　脳をアップグレードして、究極レベルまでの進み方がわかる本。『ツキを超える成功力』の新装版。

脳を変える究極の理論 かもの法則

西田文郎 著

定価 本体1500円+税

〝能力開発の魔術師〟西田文郎先生が伝授する、ビックリするほど簡単な〈心の法則〉。「かもの法則」を知れば、あなたの未来は、おそろしいぐらい変わってきます。「かもの力」を実践すれば、最高の未来が訪れます。

No.1理論

西田文郎 著

定価 本体1200円+税

誰でもカンタンに「プラス思考」になれる！　多くの読者に支持され続けるロングセラー。あらゆる分野で成功者続出のメンタル強化バイブルです。本書を読んで、あなたも今すぐ「天才たちと同じ脳」になってください。

No.1営業力

西田文郎 著

定価 本体1500円+税

真のトップセールスになれる方法を〝脳の使い方〟から説き明かした画期的な営業指南書。営業はお客さまの脳との勝負です。人の心を動かすセオリーを、実践的なノウハウ、スキルとともに紹介しています。

好評既刊！

新装版

10人の法則

多くの成功者たちはなぜ、「感謝」を口にするのか？

金メダリストも、一流経営者も実践！
能力開発の魔術師が教える
「幸せになれる感謝の法則」。

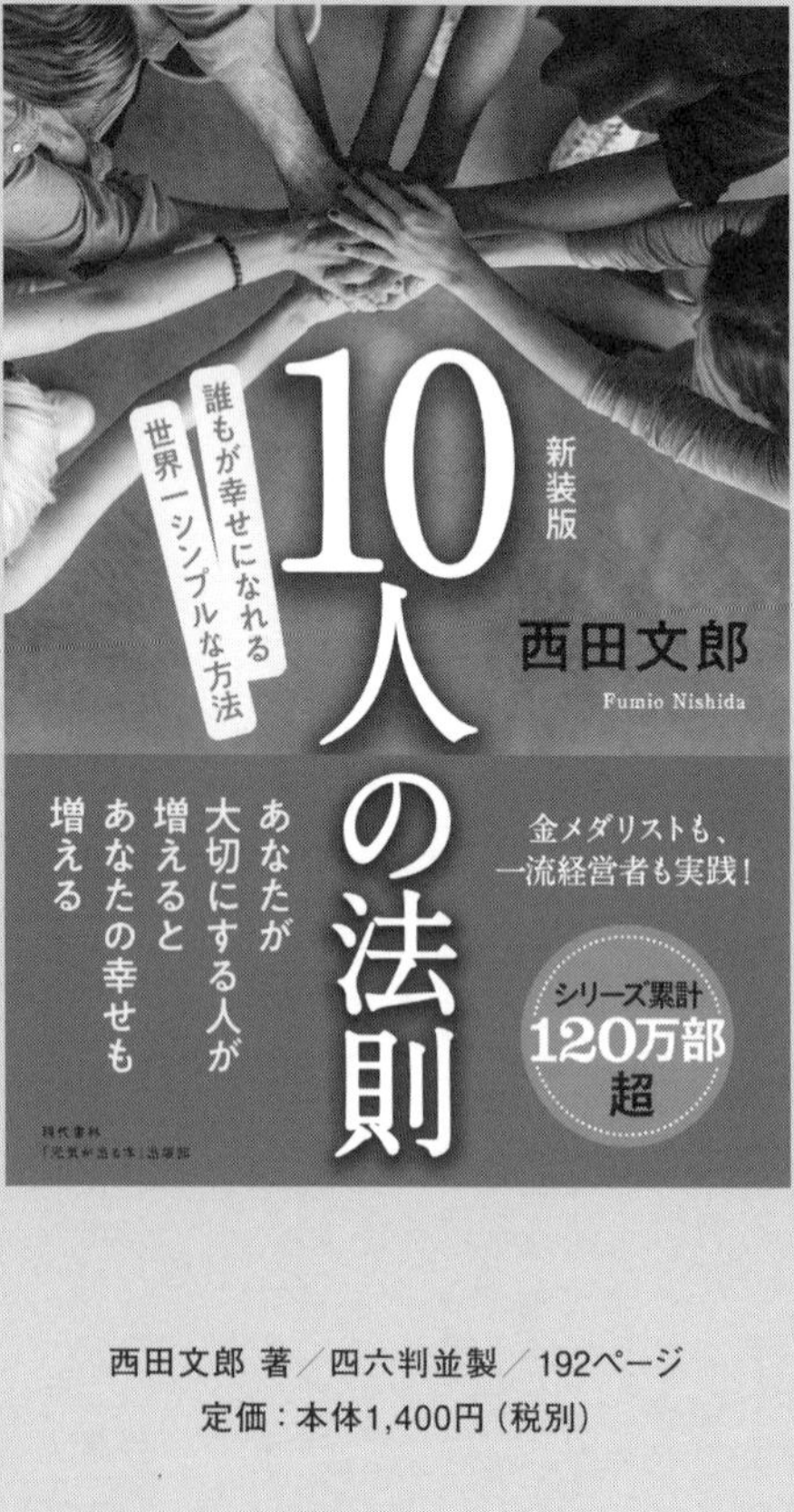

「ビジネスがV字回復した！」
「チームの絆が強まった！」
実践すると人生がパワフルに変わります。

西田文郎 著／四六判並製／192ページ
定価：本体1,400円（税別）